money guide

Das V.I.S.A.-Prinzip für einen
harmonischen Umgang mit Geld

Gudrun Anders

Motibooks.de

Impressum

ISBN 978-1514346723
Createspace

© Alle Rechte und Copyrights bei der Autorin.
Nachdruck - auch auszugsweise - nicht gestattet.

Erstausgabe: 15. Juni 2015.

Die Autorin übernimmt keine Haftung für die Anwendbarkeit der in diesem Buch gemachten Angaben und Erfahrungen. Dieses Buch versteht sich <u>nicht</u> als Rechts-Ratgeber. Bei finanziellen Problemen sollte in jedem Fall ein sach- oder rechtskundiger Berater konsultiert werden.

Coverbild: © knipseline / pixelio.de
Bild S. 1 und Coverrückseite: Fotolia © Francois Clappe

Druck: Createspace, http://www.createspace.com/

<u>Kontakt zur Autorin:</u>

Motibooks.de | Gudrun Anders
Ferberberg 11
52070 Aachen
Tel. 0241 – 70 14 721
Email: info@gudrun-anders.de
www.motibooks.de | www.gudrun-anders.de

Geld
**lasst von Herzen allen uns gönnen,
soviel die Esel nur tragen können.**
Wilhelm Busch

Inhaltsverzeichnis

Impressum	2
Inhaltsverzeichnis	4
Money – Money – Money ...	6
Die Kontroverse um Geld und Wertigkeit	12
Unsere Beziehung zu Geld	22
Bei Geld hört die Freundschaft auf!	26
Ein Bewusstsein für Geld entwickeln	36
V wie verdienen	41
So wird man wirklich reich!	47
Der Geist erschafft den Reichtum	52
Die Philosophie des Geldes	54
Analyse der Finanzsituation	58
Unerfüllte Träume und erreichte Ziele	62
Finden Sie ihre Bestimmung heraus!	81
Lösungen für Finanzprobleme	87
Selbständig sein oder arbeitslos bleiben?	92
Was ist Armutsbewusstsein?	98
Hilfe – ich bekomme nicht was ich will.	103
Lernen Sie, mit Geld sachkundig umzugehen ...	109
Ein paar Ideen zum Geldmachen	112
Ängste vor dem Reich-Sein ...	115
Kleine Kinder und das große Geld ...	119
Tom Sawyer streicht den Zaun	122
I wie investieren	125
Das eigene Unternehmen ins Laufen bringen	129
Sie sollten Verkaufen lernen	135

Wie verkauft man denn nun?	142
In Sachwerte investieren	148
S wie Sparen	152
Das Ende der Geldsorgen	154
Ein paar alternative Ideen zum Sparen	158
A wie Ausgeben	160
Brauchen wir Kredit?	164
Wirtschaft und persönliche Budgets	166
Schuld – schuldig – Schulden?	172
Der monatliche Haushaltsplan	179
Warum ich Cashflow® spiele	183
Die Wichtigkeit von Geld	192
Schlussbemerkung	195
Vita der Autorin	197
Weitere Bücher der Autorin	198
Notizen	200

Die Definition von Geld könnte sein:

G wie geben
E wie empfangen
L wie lieben
D wie danken

Money – Money – Money ...

In unserer Welt dreht sich (fast) alles um Geld. Für alles, was wir haben, was wir essen oder unternehmen benötigen wir Geld als Tauschmittel, egal, ob wir dieses als Münzen und Scheine direkt tauschen oder heute mit Scheck- oder Kreditkarte tauschen, wobei sich nur ein paar Zahlen auf unserem Kontoauszug ändern.

Für mich ist die spannendste Sache in puncto Geld nicht, wie man es vermehrt, obwohl ich mich über ein mehr an Geld natürlich – wie vermutlich jeder andere auch ... - nicht beschweren würde.

Viel spannender für mich ist die Frage, warum manche Geld haben und andere es ablehnen. Ich finde es viel interessanter die Dynamik des Geldes zu untersuchen und mir die Menschen und ihre Muster in Sachen Geld anzuschauen. Eine spannende Sache!

Spannend für mich vor allem deshalb, weil ich über Jahre und Jahrzehnte hinweg ein Problem mit Geld hatte. Bereits als Kind wurde ich mit Geld manipuliert, was mich und meine Einstellung zu Geld einschneidend prägte. Ich werde später noch einiges dazu berichten.

Schaue ich mir mein frühes Verhältnis zu Geld genauer an, dann drückt sich das in einem Songtext von Abba, die ich als Jugendliche dieser Zeit natürlich sehr gemocht habe, sehr gut aus. Da heißt es unter anderem (frei von mir übersetzt):

„Ich schufte Tag und Nacht, damit ich die Rechnungen bezahlen kann, die ich bezahlen muss. Ist das nicht traurig? Und es sieht so aus, als ob kein Cent für mich übrigbleibt. Das ist wirklich übel! In meinen Träumen hab ich einen Plan. Wenn ich mir einen reichen Typen angele, dann müsste ich nie mehr arbeiten. Ich könnte die ganze Zeit Blödsinn machen und Spaß haben."

Mehrere Generationen von Menschen aus aller Welt haben diesen Songtext von Abba mitgesungen und danach getanzt, geschmust, geliebt. Vielleicht, weil ein ganz großer Teil von Ihnen ähnlich empfand? Natürlich war und ist der Song toll, keine Frage.

Aber es ging auch in den Menschen etwas vor: Wandel. Natürlich ist es richtig, dass das einzige Beständige der Wandel ist. Schon immer hat sich die Menschheit für Geld, Macht und Reichtum verbogen. Zu der Zeit als dieses Lied entstand und für Furore sorgte, wurde aber fast eine neue Ära eingeleitet. Neuerungen und Entwicklungen gingen schneller voran, die Technologie entwickelte sich rasant schnell, das Internet kam auf. Die Kluft von arm und reich wurde für alle spürbar neu definiert. Neue Häuser wurden gebaut, die Arbeitsplätze veränderten sich zusehends, das Bildungsniveau wurde höher. Viele Menschen in dieser Zeit erschufen neue Ideen, die sie in die Tat umsetzen wollten.

Im Songtext heißt es weiter – wieder frei von mir übersetzt: *„Es muss toll sein in der Welt der Reichen und der Schönen. Wenn man Kohle hat, scheint immer die Sonne.*

Was könnte ich alles tun, wenn ich nur ein bisschen Geld hätte. Die Welt gehört dem Reichen!"

Ich kann mich nicht daran erinnern, dass es damals viele gleichaltrige Frauen gab, die nicht von einem reichen Mann träumten. Nichts tun zu müssen, um jeden Monat ein gutes Einkommen zu haben. Nicht zur Arbeit zu müssen, sondern sich die Zeit frei einteilen zu können, ohne Not zu leiden. Hat sich daran überhaupt in den letzten Jahren – in den letzten 50 / 100 / 2.000 Jahren ... - etwas Gravierendes geändert?

Abba meinten weiter: *„So einen Mann zu finden, ist sehr schwierig. Ich krieg das aber nicht mehr aus dem Kopf. Ist das nicht traurig? Wenn so einer mal frei wäre: Wetten, der würde nicht auf mich stehen? Das ist ungerecht. Daher muss ich fortgehen, nach Las Vegas oder Monaco und dort im Casino den Jackpot knacken. Dann wird mein Leben nie mehr sein wie jetzt."*

Träume von einem besseren Leben, einer besseren Zeit, mehr Geld sind schon zu alten Zeiten für manche Realität geworden und für andere nicht. Und seit etlichen Jahren hinterfragen Menschen, warum das so ist und warum es für mich klappt und andere nicht.

Auch ich habe mich das gefragt – weil ich Probleme hatte. Wer Probleme hat, fängt an nach Lösungen zu suchen. Und das ist nicht immer einfach und nicht immer von Erfolg gekrönt. Aber versuchen kann man es.

Ich habe meine Erfahrungen gemacht und ich glaube heute, wir alle sollten unsere Gedanken zu Geld vollkommen verändern. Das, was vor 50 Jahren noch gut funktionierte, kann heute nicht mehr das Mittel der Wahl sein. Es gibt zwar einige grundlegende Rezepte, die man Ihnen mit auf den Weg geben kann, aber jeder sollte seine eigenen Gedanken zu Geld und dem Geldsystem – und vor allem zur Wichtigkeit – hinterfragen.

Wenn Sie kein Geld haben, dann liegt das nicht daran, dass der Staat Ihnen zu wenig gibt. Es liegt daran, dass ihre Einstellung zum Geld bekommen oder verdienen (noch) nicht (ganz) richtig ist.

Wie schön, dass Sie dieses Buch lesen möchten, um diese Gedanken zu verändern. Herzlich willkommen bei dem Abenteuer, ein verbessertes Bewusstsein für Geld und Reichtum – und damit für Sie selbst – aufzubauen.

Wenn Sie mit den in diesem Buch enthaltenen Informationen und Gedanken ein wenig experimentieren und arbeiten, werden Sie folgenden Nutzen erzielen:

- Sie bekommen in der persönlichen Auseinandersetzung mit dem Thema Geld ein grundlegendes Verständnis für die Gesetze des Geldes.

- Sie werden eine unbeschwertere Einstellung gewinnen und ein gesund(er)es Selbstvertrauen in Bezug auf Ihre finanziellen Unsicherheiten oder Probleme erhalten.

- Sie erhalten prinzipiell alle nötigen, grundlegenden Informationen, um zu Erfolg und Wohlstand zu gelangen.

> **Du glaubst manchmal:**
> **Ich kann es mir nicht leisten.**
>
> **Willst Du wissen, warum?**
> **Weil es Deine Überzeugung**
> **geworden ist.**
> **Damit beschränkst Du**
> **Deine Möglichkeiten.**
> **Du hängst im Mangeldenken fest.**
>
> **Fange an,**
> **Dir die richtigen Fragen zu stellen:**
> **WIE kann ich es mir leisten?**
> **Und dann handle danach!**
> Anthony Robbins

Geld ist heute ein sehr sensibles Thema geworden. Die einen machen sehr viel davon, die anderen haben am Monatsende nicht genug zu essen für Ihre Kinder.

Es herrscht eine enorme Dysbalance, die kaum jemanden zufrieden macht. Die, die viel haben, haben auch Probleme, wenn auch andere, als die, die zu wenig Geld haben.

Geld ist ja auch nicht das Problem. Das sind nämlich nur ein paar bedruckte Papierscheinchen, die kein Eigenleben haben. Das Problem ist unsere Sichtweise dazu und unser

Umgang damit.

Ich kenne Menschen, die im Monat 10.000 € verdienen und immer noch unglücklich sind. Ich habe eine Bekannte, die mit zwei Minijobs rund 850 € verdient und damit glücklich ist. Ich habe einen mehrfachen Millionär getroffen, der zwanghaft der Meinung war, immer mehr Geld machen zu müssen.

Ich habe mit einem alten, weisen Beduinen in einer Oase in Sinai gesessen und nie wieder einen so warmherzigen Mann gesehen, der absolut Null Geld hatte und sich über eine neue Haarbürste freute wie hierzulande ein kleines Kind über einen Keks.

Das Problem ist, dass die meisten Menschen sich von Geld abhängig fühlen. Es muss Geld herbei geschafft werden, um die Miete und die Rechnungen zu bezahlen.

Immer mehr Menschen arbeiten nebenbei in einem Minijob oder entdecken die nebenberufliche Selbständigkeit, um sich dadurch das Leben und die eigenen Träume eines Tages zu finanzieren. Das ist nichts für Menschen, die in ihren alten Strukturen bleiben wollen.

Wer unfrei sein und bleiben möchte, der sollte auch das Recht dazu haben. Alle anderen können ab heute an der Erfüllung ihrer Träume und Wünsche arbeiten.

Die Kontroverse um Geld und Wertigkeit

Ich habe einmal in einem Forum ein Experiment gemacht, denn ich wollte Statements zu Geld haben. Ich suchte weitere Impulse für dieses Buch.

Als ich eine Email mit einem sehr teuren Seminar erhielt, das ich selbst gerade in ähnlicher Form für einen weitaus geringeren Preis anbieten wollte, schrieb ich meinen Schockzustand ins Forum und erhielt binnen kürzester Zeit sehr kontroverse Postings. Diese Diskussion gebe ich hier in gekürzter Form wieder.

Gudrun: Ich bin gerade schockiert. Ein führender Anbieter für Unternehmerseminare bot mir per Email ein spannendes Fortbildungsseminar für Internetmarketing an. Ein Tag, 8 Zeitstunden, in nur 75 km Entfernung. Ich war interessiert. Bis ich den Preis sah. 3 x dürft ihr raten, was da wohl stand ... Na, wer rät es? ....

Alex: 1000 € ???
Gaby: 6.500 Euro.
Andreas: Kostenlos!
Ingrid: 750 Euro?
Petra: 400 €
Marcus: Bin gespannt was raus kommt.

Gudrun: Ingrid ist am nächsten dran. Tatsache: 770 € für ein Tagesseminar! Hammer ....

Petra: Warum müssen die Leute immer so übertreiben? Ich verstehe es nicht. *Kopfschütteln*

Gudrun: Was ich nicht verstehe, Petra - da gehen auch noch welche hin, obwohl es die Seminare auch für 150 € / Tag gibt. ... ??

Gaby: Die dürfen das, sind ja auch offizielle Wirtschaftsunternehmer... Aber wehe ein spiritueller Lebensberater macht so was, dann heißt es Abzocke. Heißt es ja oft schon bei sehr günstigen Preisen. Sie schreiben sogar: Muss GRATIS sein.

Ingrid: Für manche Menschen sind hochpreisige Angebote ein Zeichen für Selbstwert – ich denke, es darf einen bestimmten Rahmen haben. Jeder sieht es anders und so lange Menschen das zahlen ... – wird es das auch geben.

Gaby: Das stimmt auch wieder, was nichts kostet, ist nichts!

Petra: Es laufen halt einfach zu viele Volltrottel durch die Welt. Ein Glück für diese Art von Veranstalter.

Gaby: Na ja - jedem das Seine.

Gudrun: Ja. Nur die Diskrepanz zu den Preisen im spirituellen Bereich wie Gaby auch sagt, ist natürlich enorm und im Grunde nicht nachzuvollziehen. ...

Gaby: Lass uns einfach so leben wie wir wollen!

Ingrid: Jeder darf tun was stimmig ist – ohne Bewertung.

Gaby: Es ist ja auch jeder frei, das zu nutzen, was er will!

Ingrid: So ist es Gaby – der Preis ist das eine, was ich dafür bekomme, dass andere. Darüber wissen wir nichts.

Christian: Wenn ich dazu auch was sagen darf... Das vergleiche ich mit den Kaffeepads. Wenn man das Kaffeepulver umrechnet, zahlt man so ca. 80 EURO für das Kilo Kaffee - das steht auch in keinem Verhältnis zur Qualität und Leistung. Und trotzdem funktioniert es.

Ingrid: Genau so ist es, Christian – wir dürfen nicht nur immer den Preis sehen. Danke.

Christian: So wie Ingrid es sieht, sehe ich es als Astrologe auch, denn das Geld- und das Werte-Haus sind eins. Das geht so zu sagen Hand in Hand.

Gudrun: Ist deshalb der Referent sooo viel besser? Ich weiß nicht...

Christian: Der Referent wie auch der Kaffee ist deshalb nicht besser, sondern es geht ums Gefühl. Einer der besten und erfolgreichsten Verkäufer aller Zeiten hat mal gesagt: „Das Geld ist nicht weg, nur woanders." Verkaufsgesetz Nr. 1 lautet: Die Menschen kaufen im Grunde keine Produkte, Dienstleistungen oder Ideen, sondern mehr das Gefühl was sie haben, wenn sie diese Produkte, Dienstleistungen oder Ideen (Angebote) benutzen. Eben, was sie sich vorstellen, was sie davon haben werden. Also: „Ich habe das Gefühl, dass dieses oder jenes Angebot/Produkt usw. meine Lebensqualität verbessert." Wenn ja, kaufe ich, wenn nein lasse ich es.... Und es kommt im Wesentlichen sehr stark darauf an, wer und wie mir dieses Angebot macht bzw. gemacht wird.

Ingrid: Du sprichst mir aus dem Herzen, Christian, so sehe ich es auch. Jeder Mensch kauft aus einem Bedürfnis heraus, was er befriedigen will und damit ein gutes Gefühl bekommt. Manche lieben Luxus ... –auch bei Seminaren.

Christian: Wie wäre es denn, wenn wir alle voneinander lernen – nach dem Motto, der Kluge lernt von anderen und der nicht so kluge macht eigene Fehler. Es ist doch jetzt die Zeit gekommen das wir uns alle gegenseitig unterstützen sollen...

Ingrid: Das sehe ich nicht so - einfache Werbung für dass, was er tut. Das können wir doch auch machen.

Christian: Wer nicht wirbt, der stirbt... Ein Naturgesetz. Ich weiß halt wie man erfolgreich wird, weil ich diesen Weg selbst gemacht habe. Dabei geht es nicht ums Geld.... Zumindest nicht für mich. Klar ist mir das auch wichtig...

Gudrun: Christian – Erfolg wird aber auch von jedem Menschen anders definiert. ....

Christian: Der jedoch einzige und lebenslange Erfolg definiert sich ausschließlich über das eigene Innere... Bin ich mir im Innern treu?

Gudrun: D'accord!

Christian: Was ich in meinem eigenen Umfeld schon immer beobachte ist, es wird geraucht und Alkohol getrunken, es wird gejammert und man beschimpft andere und beschwert sich jeden Tag aufs Neue. Völlig am Bedarf vorbei ernährt – und diese Menschen wundern sich. Hass, Neid, Gier, Eifersucht, Selbstsucht, Zynismus und Sarkasmus, wer sich darauf einlässt, hat schon von vorn herein verloren.

Gudrun: Wir haben noch viel zu tun! ...

Angelika: Habe nicht alle Kommentare gelesen. Ich finde: Jeder hat seinen eigenen Preis, seine eigene Wertigkeit. Ich finde es GUT.

Christian: Der in den 70er Jahren härteste Manager Lee Iacocca (amerikanische Automobilindustrie) hat damals gesagt: Ein Manager hat nur die Aufgabe einen einzigen Menschen im Unternehmen zu führen – sich selbst. Wer führen will, braucht Kraft. Darum heißt es ja auch Führungskraft.

Christian: Ich habe freiwillig seit sieben Jahren keinen freien Tag gehabt. Kein Urlaub oder ähnliches... 16 - 18 Stunden täglich. Ich lebe Vegan ohne Zigaretten und ohne Alkohol. Ich achte auf mich und mein Inneres. Ich tue seit mehr als 20 Jahren täglich Dinge mit einem Lächeln, die, die meisten nicht oder nie tun würden. Der lebenslange Genuss liegt ausschließlich im Verzicht, da die meisten einfach nicht auf Ihre egoistischen Bedürfnisse verzichten wollen, bleiben die auch gerechterweise unglücklich.

Gudrun: Du bist nicht der Einzige, der diese Ansichten so verbreitet. Da sind mittlerweile – Gott sei Dank - viele unterwegs und Wissen um die Naturgesetze.

Julia: Als Tagessatz ist 770,- € ein völlig angemessener Preis, denn in jeder Stunde Training stecken mehrere Stunden Entwicklung, Vorbereitung und Akquise. Aber 770,-€ Teilnehmergebühr finde ich selbst bei Kleingruppen zu hoch. Womöglich war das noch der Nettopreis …

Christian: In den 70iger Jahren wurde einem der erfolgreichen Golfer auf der Profi Tour beim Abschlag zugerufen: „Was würde ich tun, wenn ich den Ball so abschlagen könnte wie sie!" Und was hat der – immer ein Gentlemen am Platz – gemacht. Er unterbrach...

Thomas: Spiritualität heißt nicht in weißen Gewändern Hand in Hand zum Regenbogen laufen. Das hat auch nichts mit Channeln, Karten legen, Pendeln, Einhörnern, Astrologie oder was auch immer zu tun. Sondern ich bin mit mir im Reinen... Ich brauche im Außen nichts...

Christian: Ja, natürlich bin ich da wie alle anderen Spitzenleute: Ich will zeigen, was ich weiß und was ich kann. Wissen ist keine Macht sondern Ohnmacht, denn nur angewandtes Wissen ist Macht – und das macht bekannter weise magisch & somit magnetisch (Wortstamm).

Andere verlangen für so einen hochkarätigen Vortag 1.000 EURO und noch viel mehr – und bekommen es auch. Was ich befürworte. Ich weiß, es hat mich niemand darum gebeten. Wie hat Frank Sinatra gesagt? *Ich singe den ganzen Tag von früh bis spät, weil ich es liebe zu singen. Ich würde auch umsonst singen, doch die Menschen wollen mich unbedingt bezahlen. Also nehme ich das Geld auch an.*

Bernhard: Meine Stunde ist ja auch € 120,00 wert. Da darf über den Wert der Lebenszeit mal nachgedacht werden, über die Zeit der Vorbereitung, Raum- und Verköstigungskosten. Kaufmännisch betrachtet nachvollziehbar.

Isabell: Wo ist das Problem? Wert ist das, was man etwas beimisst, u.a. auch der eigenen Leistung. Vielleicht auch endlich mal in spirituellen Kreisen, denn auch wir sind es wert, was andere auch durchaus anerkennen und nehmen können – solange wir es uns selbst wert sind und das endlich auch denken können. Ich hab diese Neid- und Mangeldebatten echt satt. Lasst uns doch endlich mal in Fülle leben!!!

Ilona: Hahaha... Gudrun. DU bist doch ständig diejenige, die uns erzählt, dass man richtig viel Geld für alles nehmen soll, damit man über die Runden kommt. Das haben die sich nur zu Herzen genommen... lach..

Gudrun: Nee nee, Ilona. Richtig viel Geld ist das obige ... Und ein angemessener Tagessatz / Stundenlohn ist was anderes als 700 € am Tag für ein Seminar. Rechne du dir mal aus, wie viel du dafür bei deinem Stundensatz arbeiten müsstest! ...

Ilona Ja, eben. Genau das gefällt mir daran. Also LEUTE nix mehr mit Billigpreisen ab heute... Jetzt gibt's nur noch PREMIUMPREISE für goldige Stündchen.. – und dass ganz exklusiv mit MIR.

Gudrun: Und ich nehme mal an, du arbeitest ab sofort an der Umsetzung, oder??? ....

Ilona: Und übrigens – bekommen die Seminarleiter ja schon über 140 Euronen die Stunde. und dann noch die ganzen Kosten der Werbung, der Räumlichkeiten...Dass läppert sich...

Christoph: Ich habe das alles jetzt mal gelesen und bin sprachlos: Ihr tut mir echt alle leid, und habt mein volles Mitgefühl.

Gudrun: Warum ? ...

Christoph: Da musst Du schon selber draufkommen. Tipp: Lies das mal alles selber durch und frag Dich ob die Schreibenden eventuell ein oder mehrere Probleme haben. Lies das doch bitte mal mit klarem Blick und frag dich was das soll …. Jeder hat ein Problem – ich auch. Der Rest ist euer Ding bei einem solchen Post. Schönen Tag noch, ich muss arbeiten…

Michael: In diesem Falle einfach das Geld in ein passenderes Seminar investieren – eines, welches Klärung schafft ... Zum Beispiel über die Frage, ob "das Geld (die Idee dazu), mich regiert oder ich das Geld (die Idee dazu)" ... Denn warum sich selbst ausbremsen?

Wer zahlen will, zahlt, wer nicht, nicht. Geld ersetzt keine Erfahrungen, denn die sind unbezahlbar. Dennoch wird über die Höhe des Geldes eben die Güte der vermittelten Erfahrung dargestellt.

Wie viele andere Möglichkeiten gibt es ansonsten in dem von dir angesprochenen Bereich? Für das, was ich zu vermitteln habe, in ca. 15 Jahren erforscht habe, könnte ich locker 1.000.000 € verlangen ... –und doch würde dies den tatsächlichen praktischen Nutzen für den Menschen nicht annähernd berühren. Da es in meinem Falle um den bedingungslosen inneren Frieden geht, sind läppische 770 € für Internetwissen Peanuts, wie man so schön sagt... Und dennoch kann die Welt mein E-Book für 6.90 € erhalten. Doch für ein Seminar mit mir setzte ich eher das Zehnfache an

Stundenlohn an - und habe dabei auch kein schlechtes Gewissen ... Warum auch?

Der Teilnehmer möchte den direkten und kurzen Weg zur Erfahrung – und dafür gibt er "nur" Geld. ... Einfacher geht's nimmer. Doch "Geld", also Papier, Münzen oder virtuelle Zahlen auf dem Computer sollte sich der Mensch schon wert sein, denn wenn er diese fiktiven Werte über sich stellt, regiert das Geld bei ihm und nicht er selbst. Also lieber Klotzen statt kleckern – denn das letzte Hemd hat keine Taschen.

Gudrun: Sehr gutes Schlusswort, Michael! Danke!

**Alles, was wirklich nützt,
ist für wenig Geld zu haben.
Nur das Überflüssige kostet viel.**
Axel Munthe, Autor

Unsere Beziehung zu Geld

„Bei Geld hört jede Freundschaft auf."
„Geld allein macht nicht glücklich."
„Denn wer da hat, dem wird gegeben."
„Alles hat seinen Preis..."
„Was nichts kostet, ist auch nichts wert!"
„Der hat Geld wie Heu..."
„Über Geld redet man nicht..."
„Geld macht arrogant."
„Die Reichen sind schlecht – Arme sind gut."
„Geld regiert die Welt..."
„Ist doch nur Geld..."
„Entweder hat man Geld – oder man hat es nicht."
„Geld stinkt nicht."
„Wer den Pfennig nicht ehrt, ist des Talers nicht wert."

Geld ist in unserer Welt ein notwendiger Tauschfaktor geworden. Wenn früher die Menschen Ware gegen Ware tauschten, so ist das in der heutigen Zeit schwieriger geworden und kleine Münzen und Papierscheinchen haben die Ware ersetzt.

Geld ist als allgemein gültiges Zahlungsmittel anerkannt, und man benutzt heute nur kleine Plastikkärtchen oder QR-Codes mit dem Smartphone um die Ware, die wir gern erwerben möchten, zu bezahlen.

Die Münzen, Scheinchen und Plastikkarten haben keinen bzw. nur einen sehr geringen Eigenwert, aber wir können sehr viel dafür erhalten, weil auf unserem Kontoauszug (der auch nur aus Papier ohne Wert besteht) schwarze - oder manchmal „rote" - Zahlen vorhanden sind. Vielleicht ist das mit ein Grund dafür, warum viele Menschen Probleme mit Geld haben, denn der Effekt des Tauschvorganges hat sich zu Gunsten imaginärer Zahlenverschiebungen gewandelt.

Geld zu haben - oder es eben nicht zu haben - hängt aber nicht von den Papierchen ab, sondern von unserem Bewusstsein darüber. Viele Menschen trauen sich nicht, genug Geld für ihre Leistungen oder ihren Service anzunehmen und wundern sich dann noch darüber, warum auf ihrem Konto keine 4- oder 5-stellige Zahl steht, obwohl unser vermeintliches Glück oftmals genau davon abhängig ist.

Diese Menschen sind in ihrem Armutsdenken verhaftet und haben große Schwierigkeiten, sich selbst als reich anzuerkennen. Wir können aber nur äußerlich reich werden, wenn wir uns innerlich reich fühlen, denn wir bekommen immer das, an das wir glauben. Glaubt man weiterhin, nichts verdient zu haben, wird man wahrscheinlich nie genug verdienen – es sei denn, man ändert diesen Gedanken.

Geld ist wie atmen: Es möchte fließen, kommen und gehen - aber es möchte nicht festgehalten werden, weil es dann zu Blockierungen im Energieaustausch kommt, die den frei fließenden Fluss hemmen. Man muss auch Geld geben und nehmen können, um in den Fluss zu kommen. Wenn man mehr haben möchte, musst man besser empfangen können usw.

Jegliche Unzufriedenheit im Umgang mit Geld drückt immer ein emotionales Problem aus. Bekommt oder hat man nicht genug, ist das Selbstwertgefühl vielleicht zu klein, man ist kein guter GeldEmpfänger oder die Kreativität ist blockiert. Untersuchen Sie das einmal anhand der Vorkommnisse in ihrem Leben. Angst davor Geld anzunehmen, hat noch nie jemandem Geld gebracht!

Übrigens stand es schon in der Bibel: „Denn wer da hat, dem wird gegeben." Vielleicht sollten wir mehr als 2.000 Jahre danach nun einmal anfangen daran glauben und es vor allem auch tun und in die Tat umsetzen. Der richtige Umgang mit Geld muss über längere Zeiträume geübt werden, denn auch Laufen hat niemand an einem Tag gelernt.

Ich möchte jeden dazu ermuntern, das Spiel mit dem Geld nicht zu ernst zu nehmen, sondern immer wieder damit zu experimentieren. Egal, was man tut, es kann nichts geschehen!

Die Gedanken und Gefühle sind es, die das Verhältnis zu Geld bestimmen. Ein Mensch mit einer Million Euro Schulden kann nämlich genauso glücklich sein, wie ein Mensch mit einer Million Guthaben – es ist eine Frage der Einstellung!

Die Beziehung zum Geld hängt oft damit zusammen, wie unsere Eltern mit Geld umgegangen sind. Waren sie geizig, werden wir auch geizig sein - oder überkompensieren und wir werden total verschwenderisch. Geld dient oft als Belohnungs- oder Bestrafungsmittel und durch diese Muster hindern wir uns oft, Geld zu bekommen, es annehmen zu können.

Haben wir kein Geld, leben wir im Mangelbewusstsein. Geld ist ein Tauschmittel - Ware oder Dienstleistungen werden gegen Geld getauscht. Es sollte ein Kreislauf von Geben und Nehmen sein, damit wir in Gelddingen im Fluss sind.

Die Menge Geld verändert sich nur unwesentlich - die Frage ist, wie viel man von diesem Kuchen abbekommt - und das liegt an der Bereitschaft, Geld zuzulassen und die Emotionen, die dahinter liegen, zu bearbeiten.

Meine wichtigste Erkenntnis in puncto Geld ist:

Man ist reich, wenn man sich reich fühlt!

Bei Geld hört die Freundschaft auf!

**Trenne dein Geld
von deinen Emotionen,
sonst trennen deine Emotionen
dich von deinem Geld.**
André Kostolany

Sie kennen das bestimmt auch, dass sich der Spruch „Bei Geld hört die Freundschaft auf!" bewahrheitet hat, sei es in ihrem eigenen Leben oder im Leben von Freunden und Bekannten. Ich habe Freundschaften wegen ein paar Hundert Euro zu Bruch gehen sehen, glückliche Ehen wurden wegen Geldmangel geschieden und eigentlich gut funktionierende Geschäftspartnerschaften wurden wegen Geldstreitigkeiten eingestellt.

Unglaublich, was Geld für eine Macht hat!

Auch in meinem eigenen Leben gibt es davon eine Menge Geschichten, die ich nachfolgend gern schildern möchte, da diese zum Teil unseren Umgang mit Geld widerspiegeln. Denn wie bei eigentlich Allem im Leben, bin ich der Meinung muss man zum Thema Geld eine klare Einstellung haben.

Sind wir uns unklar über den Umgang, werden sich die Situationen im Leben ebenfalls unklar gestalten. Gehen wir mit Menschen oder Dingen voller Angst um, werden die erschaffenen Situationen ebenfalls mit Angst zu tun haben. Machen wir uns keine Sorgen darum, bleiben wir in einem guten Gefühl, werden die Dinge fließen und Schwierigkeiten werden schnell gelöst oder treten gar nicht erst auf.

Ich fange einmal ganz vorn an, denn schon als kleines Kind wurde Geld zum Thema für mich gemacht, aus heutiger Sicht für meine Begriffe viel zu früh, denn Kinder sollten meiner Ansicht nach mit diesem Thema verschont bleiben und erst dann damit konfrontiert werden, wenn sie überhaupt eine Beziehung zum Geld als Tauschmittel in unserem Leben bekommen haben. Das wiederum hängt von ihrem Entwicklungsstand ab.

Ich habe noch lebhaft in Erinnerung, wie ein Freund von mir seinem damals acht- oder neunjährigen Sohn zu erklären versuchte, dass er ihm gerade keinen CD-Player kaufen konnte, weil er nicht genug Geld übrig hatte. Er meinte damals, jener CD-Player würde in etwa so viel kosten wie rund 60 von seinen Spielzeugautos. Und während er erzählte, sammelte er alle Autos des Jungen ein und stapelte sie auf einem großen Haufen.

Als die Anzahl nicht reichte, packte er symbolisch noch kleine Teddybären und andere Spielzeuge dazu. Er meinte: „Um einen CD-Player zu kaufen, müssten wir so viel Geld haben, wie alle diese Autos gekostet haben. Und du weißt doch, wie viel Geld wir für ein Auto brauchen..."

Der kleine Junge besah sich den Stapel eine ganze Weile und meinte dann ruhig: „Dann können wir doch diese

Autos gegen einen CD-Player tauschen. Ich will die Autos jetzt nicht mehr. Ich will einen CD-Player!"

Nun, so einfach ist es eben heute bei uns nicht mehr, obwohl genau das vielleicht wünschenswerter wäre als der Zustand, in dem wir leben. Zumindest wäre es für viele einfacher.

Bereits in jungen Jahren wurde ich mit Geld belohnt. Damals gab es für jede Eins im Zeugnis eine Mark, für jede Zwei fünfzig Pfennig, für jede Drei zehn Pfennig. Klar, dass an den Tagen der Zeugnisvergabe erst mal gerechnet wurde, wie viel Geld ich verdient hatte! Und so etwas prägt...

Für gute Leistungen gab es Geld, für sehr gute Leistungen eben mehr. Ohne Leistung kein Geld – ohne Fleiß kein Preis!

In meiner Familie war Geld eigentlich nie wirklich Mangelware, aber wir lebten auch nicht im Überfluss. Es war genug zu essen da, wir wohnten in einem ansprechenden Mehrfamilienhaus, hatten ein Auto und waren immer sauber gekleidet. An der Ostsee gab es auf einem Campingplatz einen kleinen Wohnwagen, wo wir regelmäßig die Wochenenden und auch unseren Jahresurlaub verbrachten.

So weit so gut, bis auf die Tatsache, dass ich mich schon sehr früh für Geld ODER Liebe entscheiden musste, denn meine Eltern machten sich Gedanken darüber, wer nach ihrem Tod das kleine Vermögen erben bzw. wie das Geld verteilt werden sollte.

An einem Weihnachtsabend Mitte der 80er Jahre, ich war damals Anfang 20, als wir gut gegessen hatten und ich mit meinen Eltern und meinen beiden Halbbrüdern gemütlich beisammen saß, forderten diese meine Eltern auf, bereits vor ihrem Ableben dafür zu sorgen, dass das Erbe geregelt wurde. Ich sehe noch heute meine Mutter weinen und meinen herzkranken Vater blass im Gesicht im Wohnzimmersessel versinken, regelmäßig sein Herzspray benutzend, damit er sich einigermaßen im Griff behielt.

Ich habe an diesem Abend diese „gesellige" Runde verlassen, bin allein durch die weihnachtlichen Straßen gelaufen und habe mich gefragt, ob die Welt spinnt und von allen guten Geistern verlassen ist. Es war das Ende des guten Kontaktes mit meinen habgierigen Geschwistern, denen Geld offenbar wichtiger war, als eine funktionierende Familie. Das Ende vom Lied war, Jahre später, dass meine Eltern mir das Geld hinterlassen haben. Was natürlich erneute Konflikte hervorrief.

Kurz darauf kam ich mit der „Esoterik-Szene" in Kontakt, und auch hier ging es in vielen Seminaren um das Thema Geld. Auch hier wurden viele Geldspiele gemacht, die den Teilnehmern die Beziehung zum Geld verdeutlichen sollten.

Eine nette Szene auf einem Abendworkshop zum Thema „Reichtumsbewusstsein" ist mir bis heute sehr lebhaft in Erinnerung geblieben. Der Referent des Abends meinte, dass das Geld teilweise auf der Straße liegen würde, die meisten Menschen würden es nur nicht sehen. Er erzählte dann, dass er unter einen der Stühle im Raum einen 50-Mark-Schein geklebt hätte. Der Finder könne das Geld behalten, meinte er.

Ich glaubte ihm damals kein Wort, denn wer verschenkt schon einfach mal 50 Mark, das war damals für die meisten, die ich kannte, schon eine Menge Geld. Und so schaute ich natürlich nicht unter den Stuhl, während ein Rascheln und Raunen durch die zahlreichen Anwesenden ging und eifrig unter die Stühle geguckt wurde. Entdeckt wurde der Schein jedoch nicht.

Nach einer Weile grinste der Vortragende – leider erinnere ich mich nicht mehr an seinen Namen – mich an: „Willst du nicht mal unter deinen Stuhl gucken? Oder darf ich mein Geschenk an dich behalten?"

Verständnislos blickte ich ihn an, griff dann unter den Stuhl und zog den besagten 50-Mark-Schein hervor. Ich wurde erst blass und dann knallrot, schaute mir den Schein an, als hätte ich so etwas noch nie zuvor gesehen.

Ich murmelte peinlich berührt ein „Danke", steckte den Schein in mein (leeres) Portemonnaie und beschloss an diesem denkwürdigen Abend, mich mehr mit dem Thema Geld auseinander zu setzen.

Es gibt ein anderes, ziemlich drastisches Negativbeispiel in meinem Leben. Von dem geerbten Geld meiner Eltern hatte ich meinem Ex-Mann einen ziemlich hohen Betrag geliehen, damit dieser seine Studienschulden bezahlen konnte. Ich wollte ihm das Geld einfach so, ohne Vertrag, geben, weil ich ihm vertraute, dass er es mir eines schönen Tages schon zurückzahlen würde.

Eine sehr gute Freundin bekniete mich jedoch wochenlang, einen kurzen Vertrag zu machen, damit die Rückzahlung gewährleistet sei. Zunächst weigerte ich mich, denn ich sah es als unnötig an, schließlich war ich mit dem Mann verheiratet, ließ mich jedoch überreden und fertigte einen Dreizeiler an, der besagte, dass ich das Geld im Falle einer Trennung sofort zurück bekäme.

Einige Jahre später trennte ich mich von meinem Mann, und wir strebten eine gütliche Einigung an. Der Hausrat wurde gerecht verteilt, und er versprach, das gewährte Darlehen, für das noch keinerlei Rückzahlungen geleistet wurden, ab sofort mit monatlich 100 € zurück zu zahlen.

Als er längst ausgezogen war und die erste Rate gemäß unserer mündlichen Vereinbarung fällig gewesen wäre, blieb diese jedoch aus. Ich erinnerte ihn freundlich an die zugesagte Überweisung und bekam einige Wochen später aus heiterem Himmel ein Schreiben eines Rechtsanwaltes, aus dem hervor ging, dass es sich bei dem von mir gewährten Darlehen um eine Schenkung gehandelt habe und diese demnach nicht zurückgezahlt werden müsse.

So hatten wir nicht gewettet, aber bei Geld hört ja auch die beste Freundschaft auf, soweit diese nicht durch die zuvor vorgenommene Trennung schon beendet gewesen war. Da ich das Geld jedoch für meinen Lebensunterhalt dringend benötigte, schaltete ich ebenfalls einen Rechtsanwalt ein. Es folgte ein jahrelanger Prozess, den ich aufgrund des unterzeichneten Vertrages am Ende allerdings gewann.

Mittels einstweiliger Verfügung sicherte ich mir Geld aus einer Einkommensteuer-Erstattung, was ungefähr ein

Drittel des ursprünglichen Betrages deckte. Auf den Rest wartete ich viele Monate. ...

Im Umgang mit Geld ist Klarheit von Nöten und eine große Portion Vertrauen. Und das wissen nicht nur die Börsenspekulanten, sondern auch Angestellte, Arbeiter, Studenten, Rentner, Arbeitslose und alle Unternehmer.

Geld ist aus unserem täglichen Leben nicht weg zu denken. Und wer in irgendeiner Weise ein Problem mit diesem Thema hat, tut gut daran, sich diesem Problem zu stellen.

Ich hatte viele Jahre einen eigenen Verlag. Dort lieferten wir üblicherweise Bestellungen gegen offene Rechnung aus. Wir vertrauten darauf, dass der Besteller die von uns gelieferte Ware auch bezahlt. Das allerdings ist nicht immer der Fall und manchmal kommt es auch zu Mahnungen und sogar zu Mahnverfahren.

Einmal hatten wir einen Fall, bei dem eine Kundin kurz hintereinander Waren im Wert von mehreren Hundert Euro bestellte. Eine innere Stimme warnte mich davor, die zweite Bestellung auszuliefern. Wir schrieben daher auf die Rechnung, dass die zweite Order ausgeliefert werden würde, sobald die Zahlung für die erste Rechnung bei uns eingetroffen sei.

Die Rechnung wurde nicht bezahlt, auch nach drei Mahnungen nicht. Bei uns war es dann üblich, diese Forderungen an ein Inkassounternehmen abzugeben, das sich um den Einzug der Forderungen kümmert und Mahnbescheid beantragt. Da die neue Kundin im Ausland wohnte, wurde das Mahnverfahren langwierig und sehr teuer und überstieg letztendlich den Betrag, den wir von der Kundin erhalten hätten, bei weitem. Ich war wütend und schrieb der Kundin ein Email:

„Sehr geehrte Frau ..., ich erhalte von der Inkassofirma die Nachricht, dass Sie trotz nochmaliger Zahlungserinnerung noch immer keinerlei Zahlung geleistet haben.

Ich persönlich finde es eine ziemliche Frechheit, Ware zu bestellen, diese nicht zu bezahlen UND dann wenige Tage später noch mal für mehr als 180 Euro Ware zu bestellen, die wir - Gott sei Dank - nicht ausgeliefert haben.

Wir sind kein Unternehmen wie der Media Markt oder ähnliches, die sich derartige Ausfälle leisten können. Wir sind ein kleines, im Aufbau befindliches Unternehmen, das selbst noch an allen Ecken sparen muss und sich derartige Ausfälle einfach nicht leisten kann.

Wir geben Ihnen daher nochmals Gelegenheit. Wenn Sie bereit sind, auch kleine Zahlungen vorzunehmen, so sind wir damit einverstanden. Dafür wollen wir aber den Kontakt mit Ihnen und vor allem einen Zahlungsplan, an den Sie sich auch halten. Jeder kann sich mal verkalkulieren, das sehen wir ein. Aber einfach stillschweigend Ware hinzunehmen und keine Zahlung zu leisten, ja, sich nicht einmal melden in irgendeiner Form, das finde ich - auf Deutsch gesagt - zum Kotzen.

Sollte ich innerhalb von 10 Tagen keine erste Zahlung von Ihnen erhalten (das geht aus Kostengründen auch per Einschreiben an unsere Anschrift!!) oder wenigstens eine Nachricht, schalte ich ein Inkassounternehmen in Österreich ein, die umgehend und unverzüglich das Zwangsvoll-

streckungsverfahren einleiten wird. Mit freundlichen Grüßen, ..."

Zunächst passierte 10 Tage lang nichts, dann aber erhielt ich von der Kundin eine Email:

„Sehr geehrte Damen und Herren! Vorerst entschuldige ich mich ausdrücklich für meine noch offene, nicht bezahlte Rechnung. Werde mich natürlich umgehend darum kümmern, doch ist es mir im Moment nicht möglich, die Ware gänzlich zu bezahlen. Ich werde jeden Monat 50 Euro an Sie überweisen. Beginnend im August. Würde Sie bitten, mir kurz eine Mail zu senden, ob diese Variante für Sie akzeptabel ist ... Mit der Bitte um Verständnis verbleibe ich, mit freundlichen Grüßen..."

Ich habe mich bei ihr bedankt und die Ratenzahlung akzeptiert. Der Fall konnte positiv erledigt werden.

Ich glaube, dass man mit Offenheit und Verständnis und einer aufrichtigen und ehrlichen Kommunikation in Bezug auf Geld viel erreichen kann. Man kann für alle Situationen einen Konsens finden, der alle Beteiligten zufrieden stellt – wenn man will.

Ich glaube weiterhin, dass man geben und auch nehmen lernen muss. Ich glaube, dass man schenken lernen muss, genauso wie es gilt, das Annehmen – sei es Geld, Unterstützung oder andere Dinge – zu lernen. Alles im Leben kommt und geht, es ist ein beständiger Fluss, ein ständiges Kommen und Gehen.
Ich bin Leiterin des Aachener Cashflow-Clubs, einem Spiel, bei dem man den Umgang mit Geld simulieren und trainieren kann. Spiele-Abende sind ein nettes Übungsfeld

dafür, jegliche Machtspiele außen vor zu lassen.

Hier muss man Geben und Nehmen lernen, denn es geht ja nicht nur darum, sehr viel Geld zu verdienen, sondern das zugrunde liegende Thema zu erkennen. Beispielsweise zu lernen, etwas geben oder etwas annehmen zu können. Ist das Thema erkannt, löst sich das Problem oftmals wie von selbst. An solchen Cashflow-Abenden kann man lernen, mit diesen Emotionen umzugehen.

Wenn man gibt, kommt es irgendwann zurück. Wenn man bekommt, muss man irgendwann einmal wieder geben. So ist es nun einmal. Hat man das verstanden, kann man mit Geld gelassener umgehen. Dann ist das tägliche Leben, in dem wir ausreichend Möglichkeit haben, genau das zu lernen, doch Lehrmeister genug.

In meinem Leben gab es viele weitere interessante und lehrreiche Situationen in puncto Geld. Und 100%ig habe ich dieses – für mich traumatische – Thema noch nicht ganz bewältigt, aber an jedem Tag lerne ich dazu.

Ich lerne, dass Geld beides ist: ein emotionales und eine strategisches Thema. Über beides werde ich im Weiteren noch von meinen Erfahrungen berichten.

Ein Bewusstsein für Geld entwickeln

**Vergiss nicht,
Glück hängt nicht davon ab,
wer du bist oder was du hast;
es hängt nur davon ab, was du denkst.**
Dale Carnegie

Der Sinn und Zweck dieses Buches ist, dass Reichtum und Wohlstand von Ihnen akzeptiert werden.

Sie können die hier vorgestellten Prinzipien benutzen, um reich(er) zu werden. Dafür ist keine langjährige Ausbildung erforderlich. Das Gegenteil ist der Fall: Wahrscheinlich werden Sie entdecken, dass Ihre bisherige Ausbildung und alles, was man Ihnen über Geld gesagt hat, Sie hindert, die hier erwähnten Gesetzmäßigkeiten anzuwenden. Sie haben etwas gänzlich anderes von Ihren Eltern und Lehrern gelernt – und wenden es vielleicht ohne es je hinterfragt zu haben, immer noch an. Und damit produzieren Sie vielleicht Ergebnisse, die Sie gar nicht (mehr) haben wollen.

Entwicklungsforscher haben herausgefunden, dass eine neue Idee mindestens sechs- bis siebenmal wiederholt werden muss, bevor sie ein Bestandteil des Unbewussten wird. Daher ist es sicher eine gute Idee, dieses Buch gelegentlich neu zu entdecken. Sie werden sicher erstaunt feststellen, dass Ihnen einige Gedanken beim ersten Lesen entgangen waren, beinahe so, als hätten Sie diese nie zuvor gehört oder gelesen. (Markieren Sie sich doch spaßeshalber mal ein paar Anregungen. Schauen Sie mal, ob Sie sich in einigen Wochen oder Monaten, wenn Sie dieses Buch wieder zur Hand nehmen, noch daran erinnern können ...)

Dieses Buch handelt von persönlicher und finanzieller Unabhängigkeit. Wobei Unabhängigkeit für mich vor allem folgende Freiheit bedeutet:

- *Nie, nie, nie und niemals etwas für Geld zu tun, was man nicht wirklich aus tiefstem Herzen und mit gutem Bauchgefühl tun will!*

- *Und andererseits: Sich nie, nie, niemals etwas aus Geldmangel zu versagen, was man wirklich aus tiefstem Herzen haben möchte und was gleichzeitig der persönlichen (Weiter-) Entwicklung dienlich ist.*

Man könnte es auch ganz einfach so beschreiben:

Geld kann, soll und muss
<u>FÜR</u> Sie arbeiten.

Nicht umgekehrt!

Eine neue Einstellung zu Geld und Reichtum zu etablieren, hilft Ihnen Ihren finanziellen Erfolg sicher(er) zu stellen. Es ist die Fähigkeit, sich in der materiellen Welt ohne Anstrengung zu bewegen – ob man Geld hat oder nicht.

Mit zunehmendem Geldbewusstsein werden Sie feststellen, dass finanzielle Unabhängigkeit möglich wird. Sie werden jederzeit und wo immer Sie sind Geld machen oder zu Geld kommen können, denn es sind lediglich die negativen Gedanken und Vorstellungen von Mangel und Abhängigkeit, die ihren Geldproblemen die Macht über Sie und Ihr Leben geben.

Wissen über Geld und seine Gesetzmäßigkeiten macht es leichter finanzielle Schwierigkeiten aus ihrem Leben zu eliminieren. Es bringt Ihnen gleichzeitig vermehrte emotionale Sicherheit und Selbstvertrauen, das Sie die Schwierigkeiten meistern lässt und unabdingbar ist, wenn Sie erfolgreich(er) werden oder sein wollen.

Wenn Sie in dieser Gesellschaft nicht nur überleben sondern gut leben wollen, sollte es für Sie selbstverständlich sein, richtig mit Geld umzugehen. Selbstverständlich ist gut leben möglich, denn arm und reich leben auf diesem Planeten zusammen.

Viele Menschen wissen, dass Geld eines der unwichtigsten Dinge im Leben ist. Aber es beruhigt, und es bringt Ihnen Sicherheit.

Wenn Sie mit Geld (noch) nicht umgehen können, werden Sie sich wahrscheinlich ständig darum Sorgen machen. Diese Geisteshaltung trägt allerdings nicht dazu bei, Ihre finanziellen und / oder persönlichen Möglichkeiten zu verbessern oder gar zu lösen.

Auch, wenn dieses Buch eher knapp gehalten ist, werden Sie vielleicht feststellen, dass es mit nützlichen Ideen vollgestopft ist. Daher empfehle ich Ihnen, sich zu jedem Kapitel Anmerkungen zu machen, um sich anschließend die Gedanken anzuschauen, die Ihnen Ärger oder Angst hervorrufen.

**Es war Geld ohne Ende da,
aber das Geld war eigentlich
gar nicht da,
aber man hat gedacht,
es wäre da.**
Joe Kaeser

Menschen,
die sich mit ihrem Leben
darauf konzentrieren, wo ihre Berufung
bzw. ihre Leidenschaft liegt,
sind ein Vielfaches erfolgreicher
als Menschen, die sich rein
aufs Geldverdienen konzentrieren.

Fazit:
Geld ist die Folge eines exzellenten Dienens.
Einen exzellenten Dienst (Problemlösung)
kann jemand aber nur erbringen,
wenn er die Dinge tut,
die wirklich in seinem Herzen brennen.
Es fließt dann förmlich aus ihm/ihr heraus.

Wenn du daher nie mehr arbeiten möchtest,
dann tue das, wo deine Leidenschaft liegt,
dein Herz zu hüpfen beginnt
und du es eben wirklich gerne tust.

Karl Pilsl

V wie verdienen

**Wer sich darauf versteht,
das Leben zu genießen,
braucht keine Reichtümer.**
chinesisches Sprichwort

Reichtums- oder Geldbewusstsein aufzubauen, bedeutet psychologisch und praktisch die universellen Gesetze des Reichtums zu befolgen. Dabei geht es immer um ein ganz wesentliches Prinzip. Ich nenne es das

V.I.S.A.-Prinzip:

- **V** wie verdienen

- **I** wie investieren

- **S** wie sparen

- **A** wie ausgeben.

Dabei ist natürlich das Verdienen des nötigen Geldes der

allerwichtigste Punkt. Wenn Sie es nicht schaffen, Geld zu verdienen, sind die anderen Elemente nur Makulatur – Gedankengebilde oder Phantasien ohne Sinn und Verstand. Und ohne Wirkung. Verdienen ist der erste Schritt zum Vermögensaufbau, der durch die weiteren Schritt I-S-A vollzogen wird.

Wenn Sie Hartz IV Empfänger bleiben wollen, haben Sie kein Geldbewusstsein – und brauchen sich kaum mit dem Aufbau von Vermögen zu beschäftigen. Sie müssen zunächst Ihre ursächlichen Gedanken und ihre innersten Einstellungen zum Thema Geld und Geld verdienen ändern lernen.

Ursachen haben eine Wirkung, eine Aus-Wirkung auf Sie und Ihr ganzes Leben. Machen Sie die Ursachen für Ihren Mangel an Geld ausfindig, damit ist der erste Schritt in ein besseres Leben bereits getan.

Haben Sie diese ausfindig gemacht, werden Sie sich nicht länger auf das Glück oder einen Lottogewinn hoffen müssen, um ein vernünftiges Einkommen zu erhalten oder Ihr Gehalt zu erhöhen. Sie brauchen auch nicht ins Casino gehen, so wie Abba es Ihnen in dem Song vorgeschlagen hat. Sie werden es selbst in die Hand nehmen.

Es gibt viele Dinge, die uns unsere Eltern, Lehrer und Berater über Geld erzählt haben. Was für Sie nicht förderlich ist – vergessen Sie bitte ganz schnell wieder. Was überholt ist, ebenfalls. Aber das ist meistens leichter gesagt als getan …

Eines der gängigsten negativen Gedankenmuster ist, dass nur und ausschließlich durch harte Arbeit Reichtum geschaffen werden kann.

Ein anderer Gedanke ist vielleicht, dass man nur durch unliebsame Taten oder Beschiss von anderen Menschen viel Geld verdienen kann.

Wenn durch harte Arbeit Reichtum erschaffen werden würde, wäre jeder Grubenarbeiter und jede in drei Schichten für 6,50 Euro / Stunde arbeitende Putzfrau extrem reich!

Kürzlich hörte ich mir in unserem Schwimmbad die Sorgen einer Fachangestellten an, die dort seit Jahr und Tag für 10,20 € / Stunde arbeitet. Wobei „arbeiten" wohl eher das falsche Wort ist. „Rackern" wäre sicher treffender. Aber trotz aller Sorgen war sie immer noch dort, tat tagtäglich ihren Job, denn Sie brauchte die Sicherheit am Monatsersten das Geld auf dem Konto zu haben.

Wenn Sie ihre Eltern täglich müde von der Arbeit nach Hause kommen gesehen haben, dann haben Sie diese Gedanken und diese Lebenseinstellung wahrscheinlich übernommen und versuchen durch viel Tun auch viel zu verdienen. Aber: Tun Sie damit das Richtige?

Menschen, die ihre Arbeit ausschließlich als reinen Gelderwerb betrachten, um die monatlichen Ausgaben decken zu können, neigen oft dazu sich (dramatisch) zu verschulden. Sie tätigen haufenweise Raten- und Kreditkäufe (für viele unnütze und später nur verstaubende Sachen) um sich anderweitig die Befriedigung zu verschaffen, die sie sich selbst nicht geben können – und ihr Chef schon gar nicht. Denn wer lobt jemanden, der nicht voll und ganz und mit Feuereifer in seiner Sache aufgeht?

Es gehört sich eben nicht, sich zu vergnügen. Und für Vergnügen auch noch bezahlt zu werden, geht nach landläufiger Meinung nur bei Prostituierten. …

Auch sehr beliebt ist die Einstellung, dass ausschließlich das Erlernen des richtigen Berufes der alleinige Schlüssel zu Reichtum und Glückseligkeit sei. Wer aber Maler lernt und lebenslänglich als Maler arbeitet und dabei die Geldgesetze nicht anwendet, muss sich zwangsläufig mit den Brosamen am Wegesrand begnügen.

Wenn Sie etwas über ihr persönliches Umfeld nachdenken, fallen Ihnen wahrscheinlich Menschen mit den unterschiedlichen Berufen ein. Wobei einige vielleicht finanziell erfolgreich sind, und es wird andere geben, denen es nicht so gut geht.

Menschen sind schon mit den seltsamsten Berufen erfolgreich geworden – schlagen Sie doch einmal das örtliche Branchenbuch auf, um das nachzulesen …

Manchmal ist es für einen Selbständigen auch nur die gute Idee oder zur richtigen Zeit am richtigen Ort zu sein, um eine lukrative Geschäftsidee zu finden. Der Reichtum, der daraus resultieren soll, kann allerdings nur in Erscheinung treten, wenn man die Idee auch in die Tat umsetzt.

Sehr beliebt ist auch folgender Mythos über Geld: Nur eine fundierte, langjährige Ausbildung sichert den finanziellen Erfolg. Wenn das wirklich so wäre, würden viele Professoren zu den reichsten Leuten der Welt zählen. Ich kenne zwar vermögende Professoren, aber zu den reichsten der Welt zählen Sie nicht. Naja, einer hat ein sehr erfolgreiches Lehrbuch geschrieben, aber Harry

Potter war weitaus erfolgreicher ... Und Marc Zuckerberg, der Erfinder von Facebook hatte noch nicht einmal seine Ausbildung an der Uni abgeschlossen, als er sein Milliarden-Unternehmen gründete. Und er wurde Milliardär mit Mitte 20 ...

Geld wurde dazu erfunden, das Leben einfacher zu gestalten, und schnellere Transaktionen zu ermöglichen. Heute im Computerzeitalter ist Geld oft nur noch eine Zahl auf dem Kontoauszug ...

Geben Sie ihr Geld aus, machen Sie andere Leute etwas reicher als zuvor. Wenn Sie es sparen oder investieren, stellen Sie es anderen Menschen zur Verfügung und werden dafür vergütet. „Geld regiert die Welt" sagt man, daher wird es oft für persönliche und soziale Probleme verantwortlich gemacht. Aber Geld ist nicht die URSACHE für derartige Probleme. Geldmangel ist nur die Wirkung einer falschen Einstellung dazu.

Oder anders ausgedrückt: Gib einem Bettler Geld und er wird einen Tag satt (oder alkoholisiert). Zeige ihm, wie er sich und anderen Menschen dienlich sein kann, und er

> **Gib einem Hungernden einen Fisch,**
> **und er wird einmal satt.**
> **Lehre ihn Fischen,**
> **und er wird nie wieder hungern.**
> Sprichwort aus China

kann reich werden.

Hilfe zur Selbsthilfe ist meiner Ansicht nach die beste Hilfe, die es für die gesamte Menschheit gibt. Man muss erst lernen, auf den eigenen Beinen zu stehen und mit seinen Problemen fertig zu werden. Daraus erwächst große Kraft und unschätzbare Erfahrung, die kein Lehrbuch dieser Welt jemals ersetzen kann.

Es steht jederzeit und überall genug Geld zur Verfügung, es braucht ja nur gedruckt zu werden. Aber: Geld beseitigt die Armut nicht!

Wenn Arme etwas lernen (Selbsthilfe) oder etwas TUN und am Geldkreislauf partizipieren, dann – und erst dann! – werden sie selbst die Armut abschaffen helfen.

**Wo Geld redet,
da gilt alle andere Rede nicht.**
Karl Faustmann

So wird man wirklich reich!

**Wer meint,
durch Geld alles erreichen zu können,
der wird für Geld auch alles tun.**
unbekannt

Vor einigen Jahren schlug ich mich mit einem Geldproblem und einem angespannten Verhältnis zum Thema Geld herum.

Da ich seit über 20 Jahren Märchen für mich zur Problemlösung heranziehe, schrieb ich zu diesem Thema ein Märchen[1], das mir die Augen über unseren wahren Reichtum öffnete. Vielleicht gefällt es Ihnen und auch Sie lernen den wahren Reichtum kennen. Hier ist es.

Der innere Reichtum des Bettlers

Es war einmal ein armer Bettler, der sich durch die Almosen der Leute am Leben hielt. Zwar waren die Menschen immer freundlich zu ihm, gaben ihm Essen und Trinken, manchmal etwas Kleidung und dann und wann auch ein paar Taler. Aber Geld zurücklegen konnte er nicht, denn es reichte immer nur für das Notwendigste.

---

[1] Weitere Märchen von mir finden Sie in meinem Buch „101 Diamanten", welches Sie ebenfalls über mich oder den Buchhandel beziehen können.

Der Bettler hatte sich schon oft Gedanken darüber gemacht, wie er diesen Zustand wohl ändern könne, aber eine Lösung fand er nicht. Zu handwerklichen Dingen war er nicht begabt genug und auch sonst hatte er in seinem Leben nichts Besonderes gelernt. Und so fühlte er sich allen Menschen unterlegen und beschränkte sich mit betteln, weil er dachte, zu nichts anderem gut genug zu sein.

Eines Tages strolchte er allein durch den Wald und grübelte über sein Leben nach. Er träumte davon, in einem schönen Haus zu leben, einen Hund und eine Katze zu haben, um dann all die Menschen zu sich einzuladen, die ihm in seinem Leben schon so viel geholfen hatten. Er wollte sich auf diese Weise für deren Güte und die Gaben, die er erhalten hatte, bedanken.

Als er nun so durch den Wald spazierte, stand auf einmal ein kleiner Zwerg vor ihm, schwenkte sein rotes Mützchen in der Hand und sagte: „Bettler, ich habe deine Gedanken gelesen und möchte dir gern helfen. Dort vorn ist eine Gabelung. Gehe den rechten Weg. Nach einigen Schritten kommst du an einen Weg, der bergauf führt. Den schlage ein. Dann schreite ohne Angst den Berg hinauf. Wohlgemerkt: Ohne Angst! Denn wenn du Angst hast, wirst du zwei Schritte vorwärts tun und dann einen wieder zurückrutschen. Nach einer Weile kommst du dann an eine kleine Waldkapelle. Frage nach dem Pfarrer und sage, dass der Zwerg Rotmütz dich geschickt hat. Der Pfarrer wird dir weiterhelfen. Vertraue meinen Worten und hab' keine Angst!"

Und damit war der Zwerg wieder verschwunden, noch ehe

der Bettler antworten konnte.

"Nun, was kann mir schon passieren?" dachte der Bettler. "Was habe ich zu verlieren – außer meinem Leben? Und selbst das wäre nicht tragisch." Und so machte er sich gleich auf den Weg und fand ihn so vor, wie der Zwerg es gesagt hatte. Der Bettler versuchte, seine Angst zu besiegen.

Zuerst klappte es nicht so recht und er ging zwei Schritte vor und rutschte einen wieder zurück. Als er sich dann aber klar machte, dass er wirklich nichts zu verlieren hatte, ging es stetig bergauf. Und schnell fand er die alte Waldkapelle, von der der Zwerg gesprochen hatte. Kaum hatte er an die Tür geklopft, öffnete der Pfarrer in seiner schwarzen Kutte und der Bettler erzählte von dem Erlebnis mit dem Zwerg Rotmütz.

Ein Lächeln zeigte sich im Gesicht des Pfarrers und er nahm den Bettler bei der Hand und führte ihn auf die Wiese hinter der Kapelle. Dort angelangt, fasste er in seine Rocktasche, zog ein kleines Fläschchen heraus und reichte es dem Bettler mit den Worten: "Trink einen Schluck von diesem Zaubertrank. Du wirst dich für einen Moment in ein Tier verwandeln und wenn du in deinen Körper zurückkommst, wirst du die Welt mit anderen Augen sehen."

Bereitwillig trank der Bettler einen Schluck und merkte im gleichen Moment, dass sich sein Körper veränderte. Er ließ es geschehen und wenige Sekunden später war er ein wunderschöner, bunter Schmetterling.

Er flatterte umher und besah sich einmal die Welt von oben. Es erschien von hier alles so leicht, so vollkommen und wunderbar, so dass er am liebsten für immer ein Schmetterling geblieben wäre.

Und dann vernahm er eine Stimme in seinem Kopf, die sagte: „Ja, Bettler, alles auf der Welt ist leicht, vollkommen und wunderbar! Man muss es nur sehen und ein Mensch muss seinen beschränkten Raum manchmal verlassen, um diese Einzigartigkeit erleben zu können. Auch in dir als Bettler steckt ein bisschen was vom Schmetterling, du musst es nur in dir sehen wollen! Gehe zurück, denke an die Leichtigkeit und die innere Freiheit eines Schmetterlings und beginne mit dem Auftrag, den du auf Erden hast! Wenn die Zeit reif ist, wird er dir begegnen!"

Und dann war die Stimme wieder verschwunden und der Schmetterling verwandelte sich wieder in den Bettler zurück. Aber jetzt hatte er ein sehr zufriedenes und glückliches Gesicht, fast so, als wäre er der Engel persönlich. Und er bedankte sich beim Pfarrer, wollte ihm seinen letzten Taler geben, aber der sagte, dass ihm sein glückliches Gesicht ein viel größeres Geschenk wäre. Und so bedankte sich der Bettler ganz herzlich und machte sich auf den Weg zurück in die Stadt.

Noch immer stand ihm das strahlende Lächeln und die innere Zufriedenheit ins Gesicht geschrieben. Als er in die Stadt kam, fragten ihn viele Leute, was denn wohl mit ihm geschehen sei. Und der Bettler erzählte davon, dass doch eigentlich alles ganz leicht sei und man dürfe sich als Mensch nicht alles so sehr zu Herzen nehmen, weil das Herz dann überlastet würde und den Menschen dann gar nicht mehr so richtig zum Strahlen bringen würde. Und er erzählte den Menschen, wie sie ihre überlasteten Herzen reinigen konnten, um dann ein glückliches und zufriedenes Herz zu bekommen.

Die Menschen in der Stadt hörten auf den Bettler, machten die Übungen, die er ihnen vorschlug und alle, die beim Bettler gewesen waren, waren nach kurzer Zeit wie verzaubert. Und sie dankten es ihm reichlich. Einige kamen mit sauberer Kleidung, die nächsten luden ihn zum Essen ein und wieder andere brachten Taler.

Lange sträubte sich der Bettler gegen diesen neuen Reichtum, aber bald konnte er ihn genießen und dankbar annehmen, denn er sah ein, dass er den Menschen Gutes tat und warum sollten sie ihm dann nicht auch Gutes tun?

Bald schon hatte er ein eigenes Zuhause und die Menschen halfen ihm, es gemütlich einzurichten. Und sehr schnell beriet er die Menschen nicht mehr einzeln, sondern in Gruppen in einem Raum seiner Wohnung und es wurden immer mehr und mehr.

Der Bettler war schon bald kein Bettler mehr, sondern ein angesehener Mann und manche behaupten sogar, er wäre ein Weiser geworden. Und so tat der einstige Bettler Gutes, denn er hatte endlich seine inneren Werte erkannt.

Die Geschichte vom Bettler wird noch heute in der ganzen Stadt erzählt, denn es klingt fast wie ein Märchen, obwohl es doch die Wirklichkeit war, denn nur wenige Menschen entdecken ihren inneren Reichtum.

Der Geist erschafft den Reichtum

**Nicht weil es schwer ist,
wagen wir es nicht,
sondern weil wir es nicht wagen,
ist es schwer.**
Lucius Annaeus Seneca

Das Denken ist die Ursache für Armut und die Ursache für Reichtum. Geld an sich besteht nur aus bedrucktem Papier, oder aus Metall und langen Zahlenkolonnen.

Es führt keinerlei Eigenleben, kann sich von allein nicht fortpflanzen und kommt schon gar nicht auf eigenen Beinen zu Ihnen gelaufen. Auch dann nicht, wenn Sie es rufen.

Geldbewusstsein zu erlernen, bedeutet:

- Verantwortung für die eigenen Gedanken und Einstellungen zum Thema zu übernehmen und nicht anderen die Schuld dafür zuzuweisen.

- Umdenken lernen und hinderliche Gedanken und **Gefühle** bezüglich Geld durch Arbeit an sich selbst aufzulösen.

- Seine positive Imaginationsfähigkeit zur Verbesserung der zukünftigen Situation zum Wohle aller zu nutzen.

Vereinfacht ausgedrückt:

Ihren persönlichen Reichtum und Wohlstand zu vermehren, ist nichts anderes als die Qualität Ihrer Gedanken über Geld und sich selbst zu verbessern, um dadurch andere Ergebnisse zu erzielen.

**Es ist nicht der Unternehmer,
der die Löhne zahlt
– er übergibt nur das Geld.
Es ist das Produkt, das die Löhne zahlt.**
Henry Ford

Überlege, was dich aufblühen lässt. Dem gehe nach!
Ulrich Schaffer

Eine Geld-Philosophie … – Kann denn Geld eine Philosophie haben? Oh ja! Sinn der Philosophie ist, den Geist zu studieren und Ideen aufzuzeigen, die einer Anhebung unserer Lebensqualität dienlich sind.

Der Ausgangspunkt der Philosophie ist das materielle Universum in dem wir leben: Hund, Katze, Maus, ihr Auto, das Haus, in dem Sie leben und alles andere, was sie sehen können. Und natürlich Ihr Girokonto oder die Zahlen auf dem Kontoauszug.

Alle diese Dinge können sich nicht selbst zu erschaffen: Straßen bauen keine Straßen; der Mond bringt keinen neuen Mond hervor, ein 500 €-Schein bekommt (leider …) keine Kinder.

Aber eine Idee erzeugt eine Handlung, die etwas hervorbringen kann. Der kreative Denker in Ihnen – in jedem von Ihnen! – gebiert eine Idee, die zu Wohlgefühlen führt und dann (vielleicht) in der Gestaltung eines Gartens, eines Hauses oder zu einer Erfindung führt.

Dabei haben wir auch einen inneren Zensor in uns, der natürlich alles gleich wieder zu Nichte machen kann. Der kreative Mind glaubt dem inneren Kritiker und vorbei ist es mit den guten (Geschäfts-) Ideen.

Diesem inneren Kritiker ist es definitiv egal WAS Sie denken. Was immer Sie denken, er wird dafür sorgen, dass es wahr wird und die Außenwelt wird Ihnen dieses widerspiegeln. Das gesamte materielle Universum wird durch die Qualität unserer Gedanken erschaffen.

Was ich wiederholt denke, dass wird (früher oder später) zu mir kommen.

Probieren wir es doch einmal mit ein paar guten Gedanken über Geld.

Lesen Sie die nachfolgenden Gedanken und schauen Sie einmal, ob Sie diese Gedanken über Geld annehmen können. Es sind Affirmationen (Bejahungen) zum Thema Geld, Dinge, die eigentlich für uns alle selbstverständlich sein sollten... Experimentieren Sie mit diesen Gedanken, denn unsere Umwelt reagiert auf das, was wir zu ihr aussenden.

- Ich liebe Geld. Und alles was ich liebe, kommt leicht und frei zu mir.
- Ich lebe im Überfluss. Es strömt immer mehr Geld zu mir, als ich ausgeben kann.
- Es ist vollkommen in Ordnung für mich, von Fülle, Reichtum und Wohlstand umgeben zu sein. Ich bin dankbar für die Fülle, in der ich lebe.
- Geld fließt mir immer und unaufhörlich zu. Ich bin mit allen Geldangelegenheiten im vollkommenen Frieden.

- Ich verdiene es, alles, was ich liebe, im Überfluss zu erhalten. Mein äußerer Reichtum ist Ausdruck meines inneren Reichtums.
- Ich genieße es in vollen Zügen, im materiellen Überfluss zu leben. Geld ist ein wundervolles Geschenk für mich.
- Je mehr ich gebe, desto mehr kommt zu mir zurück. Ich vergebe dem Geld vollkommen.
- Geld ist wundervoll. Ich werde vom Leben immer reich beschenkt!
- Ich freue mich über andere Menschen, die in Reichtum und Wohlstand leben. Ich kann mein gutes Geld genießen.
- Tagtäglich bieten sich mir viele Möglichkeiten, meinen bestehenden Reichtum zu vergrößern. Ich werde jederzeit und überall mit dem, was ich benötige, versorgt.
- Ich bin es wert, im Überfluss zu leben, daher erlaube ich mir jetzt die Fülle. Ich ziehe Geld magisch an.
- Ich genieße meinen Erfolg, denn je erfolgreicher ich bin, desto besser kann ich andere unterstützen. Ich schwimme im Geld wie in einem wunderbaren, klaren Ozean.
- Für mich ist immer mehr als genug vorhanden. Je mehr Geld ich habe, desto mehr Gutes kann ich tun.

- Ich bin dankbar und bereit, die Fülle, die sich mir tag-täglich bietet, anzunehmen. Mein Bankkonto ist jetzt offen für einen reichlichen Geldsegen!
- Es ist o.k. für mich, dass andere ihre Unterstützung für mich in Geld ausdrücken, und daher nehme ich Geld jetzt bedingungslos an.
- Ich weiß, ich bin reich! Alle meine Wünsche werden auf vollkommene Weise erfüllt.
- Ich bin allen Menschen für ihre Dienste dankbar und entlohne sie reichlich, so wie auch ich für meine Dienste reichhaltig entlohnt werde.
- Ich bin jetzt offen für ganz viel Geld. Ich bin jetzt mit den Reichtümern Gottes gesegnet. Geld strömt mir unaufhörlich zu.
- Ich habe immer mehr Geld als ich brauche. Ich liebe es, viel Geld zu haben. Ich bin von Herzen dankbar für das gute Geld, das mich umgibt.

Wie fühlen Sie sich, wenn Sie diese Gedanken lesen?

Analyse der Finanzsituation

> Ob Lob oder Liebe,
> ob Kritik, Geld, Zeit,
> Raum, Macht, Strafe, Sorgen, Lachen,
> Fürsorge, Schmerz, Vergnügen
> oder Wohlgefühl...
> Je mehr Du gibst,
> desto mehr wirst Du zurückbekommen.
>
> Anthony Robbins

Die Selbstanalyse mit dem Schwerpunkt der Analyse der persönlichen Finanzen anzuwenden, heißt, sich bewusst zu werden:

Mit welchen Gedanken erschaffe ich das – finanzielle – Leben, das ich gerade führe?

Dieses ist die Grundlage der Psychoanalyse. Die meisten Menschen sträuben sich bis zum letzten Atemzug davor, weil sie Angst vor den eigenen Gefühlen haben, die untrennbar mit negativen Einstellungen verbunden sind. Sie glauben, die Glaubenssätze aufzudecken würde sie zu einem schlechteren Menschen machen. Das Gegenteil ist der Fall: Sie könnten ihr ungeheures Potential endlich freilegen, wenn Sie falsche Vorstellungen sein lassen!

Das ist der Grund, warum heutzutage ein Schuldenberater namens Peter Zwegat sogar öffentlich im Fernsehen darüber berichten kann. Man muss sich der Auseinandersetzung mit der Basis stellen.

Ein altes Sprichwort besagt sinngemäß, dass die Gespenster einem hinterher laufen, wenn man vor Ihnen flieht. Geht man aber auf die Gespenster zu, so werden Sie verschwinden. Das gilt natürlich auch für den Bereich der Finanzen!

Ihre negativen Gedanken erschaffen nur so lange negative Ergebnisse, wie sie diese behalten wollen und NICHT bewusst machen. Es wird Ihnen also keinen Schaden zufügen, diese zu analysieren. Im Gegenteil. Dadurch werden Sie in die Lage versetzt endlich zu handeln.

> **Wünsche alles, brauche nichts
> – und wähle, was sich zeigt.**
> Neale Donald Walsh

Die grundsätzliche Frage also lautet:

Was müsste ich künftig denken, um mir mein erwünschtes Leben zu erschaffen?

Sie können Gedanken auf unterschiedliche Art und Weise herausfinden und verändern: durch wiederholtes Lesen, durch Zuhören und Beobachten, vor allem aber durch schreiben und darüber reden. Hier sind ein paar gute Gedanken zu Geld:

- *Meine Kreativität bringt meinen Reichtum hervor.* Wenn die innere Stimme Ihnen Möglichkeiten des Geldverdienens aufzeigt, sollten Sie darauf hören.

- *Es ist in Ordnung für Vergnügen bezahlt zu werden.* Unerfreulichen Tätigkeiten auszuführen und deswegen schlechte Laune zu haben, macht es extrem schwierig, mit Begeisterung reich zu werden.

- *Ich liebe es, wohlhabend zu sein.* Wenn Geld verdienen bei Ihnen für Schuldgefühle sorgt, wird es schwierig, Ihr Einkommen zu erhöhen oder erst mal eines zu erhalten. ...

Gedanken aufzuschreiben ist der schnellste und vor allem sicherste Weg, um neue Gedanken im Bewusstsein zu integrieren. Dennoch braucht es die Wiederholung, um sie fest zu verankern.

Ein Beispiel zur Auseinandersetzung mit einem hinderlichen Geldgedanken:

Ich liebe es, wohlhabend zu sein.
_____ (Name), liebt es, wohlhabend zu sein.

Schreiben Sie auf der rechten Seite des Blattes die Antwort(en) auf, die Ihr Verstand zu den neuen Gedanken gibt. Sie werden erstaunt über ihre eigene Einstellung sein!

Der Sinn besteht darin, den Prozess Ihrer negativen Gedanken aufzuspüren und diese zu erleichtern, ganz gleich welchen erlernten Ursprung diese haben. Atmen Sie tief ein und aus dabei, wenn Sie sich mit einem neuen, positiven Gedanken über Geld vertraut machen.

Stellen Sie sich vor, der neue Gedanke fließt in jede Zelle ein und verankert sich dort – und damit in ihrem Leben.

**Wenn man kein Geld hat,
denkt man immer an Geld.
Wenn man Geld hat,
denkt man nur noch an Geld.**
Jean Paul Getty

Unerfüllte Träume und erreichte Ziele

**Das, was du weißt,
wovon du aber nicht weißt,
dass du es weißt,
beeinflusst dich mehr,
als du weißt.**
David Myers

Lange Zeit habe ich gedacht, dass das „sich-Ziele-setzen" nur etwas für Manager von großen Unternehmen ist, die ihr Plan-Soll erfüllen müssen. Weit gefehlt. Ich habe erkannt, dass keine Reise irgendwo hin führen kann, wenn kein konkretes Ziel angegeben wurde.

Wissen Sie, wer mir das beigebracht hat? Mein Navi! Da konnte ich nicht eingeben: Ich will zu meiner Freundin. Ich musste Ort und Straße eingeben – das konkrete Ziel. Nach kurzer Berechnung erzählte es mir dann, wann ich am Zielort angekommen sein würde.

Daher lauten die Kernfragen:

Wohin will ich?
Was will / möchte ich eigentlich?
Wie soll mein Leben aussehen?
Wie gelange ich dort hin?
Was muss ich mir aneignen, um die Ziele zu erreichen?

Das müssen Sie wissen und in ihren eigenen Bordcomputer eingeben. Sie müssen sich selbst die Gelegenheit geben, etwas zu erschaffen. Sie müssen den richtigen Weg einschlagen, sonst landen Sie ganz woanders oder fahren gar nicht erst los.

Viele Menschen beklagen sich über das, was gerade da oder eben nicht da ist, als zu erforschen, was sie wirklich wollen und dieses dann ganz bewusst herbei zu führen. Sie spielen Opfer statt „Unternehmer".

Es empfiehlt sich hierbei NICHT, sich ausschließlich realistische Ziele zu setzen. Realistische Ziele basieren auf Ihren vergangenen Erfahrungen und Vorstellungen. Wenn Sie aber die Qualität Ihrer Gedanken verbessern, gibt es keinerlei Grenzen für das, was passieren oder in Ihrem Leben eintreten kann.

Listen Sie alles auf, was Sie sein, tun oder haben möchten. Fertigen Sie eine lange Liste ihrer Wünsche aus unterschiedlichen Lebensbereichen an.

Setzen Sie sich kommerzielle / finanzielle Ziele, soziale

> **Wenn man seinen Geldbeutel in seinem Kopf ausleert, kann einem das niemals weggenommen werden. Eine Investition in Wissen bringt noch immer die besten Zinsen.**
> Benjamin Franklin

Ziele und vielleicht auch persönliche. Schließen Sie in Ihre Überlegungen auch Fähigkeiten und Fertigkeiten mit ein.

Ich war viele Jahre vor allem in der spirituellen Szene zuhause. Geldprobleme sind hier sehr weit verbreitet, denn es scheint wichtiger zu sein, die persönliche Entwicklung auf feinstofflicher Basis voran zu treiben, als sich konkret mit dem momentanem Leben und der jeweiligen Lebenssituation auseinander zu setzen.

Einige negative Vorstellungen von spirituellen Menschen lauten beispielsweise: Geld und Spiritualität haben nichts miteinander zu tun. Spirituelle Menschen sollten kein / nicht viel Geld besitzen.

Oder schlimmer noch: Geld ist die Wurzel allen Übels. Diese Einstellung basiert auf der mittlerweile veralteten Vorstellung, dass Gott und das Individuum voneinander getrennt sind. Es war die Vorstellung, dass es seliger ist, kein Geld zu haben, weil man Gott dann näher ist.

Ich bin davon überzeugt, dass Gott jederzeit in uns allen ist. Und wenn dieser Gott die Welt erschaffen hat, dann hat er uns mit dem Geld auch die Möglichkeit gegeben, die Welt JETZT zu genießen. Auch mit schönem Haus, großem Auto und einem angenehmen Einkommen, das alle Wünsche erfüllt. Alles andere ist ein Lippenbekenntnis der westlichen Religionen, der Genuss am Leben wird dabei vollständig missachtet. Ich glaube nicht, dass Gott das für uns wollte ...

Die eigentliche Wahrheit ist, dass das materielle Universum ausschließlich aus der göttlichen Substanz besteht. Es gibt nur Gott – Bewusstsein – und nichts anderes.

Man kann nicht von Gott getrennt sein. Auch nicht, wenn man materialistisch ist, denkt oder handelt: Wir sind immer von Gott umgeben – alles andere ist Lug und Trug – und nichts kann das verändern.

Mit einem entsprechenden Bewusstsein könn(t)en Sie in der materiellen Welt leicht und gut leben. Die materielle Welt ist genauso Gottes Welt wie die geistige Welt, daher ist Gott in Ihnen und Sie in Gott.

Wenn Sie in ihrem Leben Freude haben, Freiheit spüren und Sie am Überfluss teil haben, dann drücken Sie damit ihre gedankliche Freiheit aus. Das ist für mich spirituell.

Und je mehr Spiritualität Sie zulassen können, desto spiritueller Sie sind, desto mehr wahrer Reichtum kommt zu Ihnen. Wobei dieser Reichtum dann vielleicht nicht in Millionen besteht, sondern in einem abgesicherten Leben voller Freude. Dieses Bewusstsein Ihrer Verbindung zum Unendlichen Sein ist nämlich Ihr wertvollster Besitz, der Geld unwesentlich sein lassen wird. Und das ist eine Voraussetzung dafür, dass es in Ihr Leben fließt.

> **Früher oder später sind die Gewinner diejenigen, die glaubten, sie könnten gewinnen.**
> Richard Bach, Schriftsteller

Ich halte es, wie Sie jetzt wohl schon verstanden haben, für unumgänglich, dass man eine positive Einstellung zu

Geld hat oder entwickelt.

Es gibt das so genannte "Gesetz der Resonanz" in diesem Universum, was bedeutet, dass man das in sein Leben zieht, was man über sich oder die Dinge – in diesem Fall Geld – denkt.

Vielleicht mögen Sie ja mit den nachfolgenden Gedanken einmal anfangen, ihre persönliche Resonanz auf den Prüfstand zu stellen und einmal einen Ausblick auf eine andere Sichtweise wagen.

In diesem Sinne sollen die nachfolgenden Gedanken nichts sein, was stur heil aus dem Verstand herunter gebetet wird, sondern vielmehr eine verinnerlichte Haltung oder Einstellung.

Schauen Sie doch einmal, was die nachfolgenden Gedanken in Ihnen zum Klingen bringen.

- Ich liebe Geld. Und alles was ich liebe, kommt leicht und frei zu mir.
- Ich lebe im Überfluss. Es macht mir Spaß, reich zu sein.
- Es ist vollkommen normal für mich, meine selbst gesteckten Ziele um ein vielfaches zu übertreffen.
- Die Regelung meines finanziellen Lebens ist ganz einfach.
- Es strömt immer mehr Geld zu mir, als ich ausgeben kann.
- Mein äußerer Reichtum ist Ausdruck meines inneren Reichtums.

- Ich genieße es in vollen Zügen, im materiellen Überfluss zu leben.
- Ich erlaube anderen mich bei meinen finanziellen Erfolgen zu unterstützen.
- Je mehr ich gebe, desto mehr kommt zu mir zurück.
- Ich freue mich über andere Menschen, die in Reichtum und Wohlstand leben.
- Tagtäglich bieten sich mir viele Möglichkeiten, meinen bestehenden Reichtum zu vergrößern.
- Das Universum versorgt mich jederzeit und überall mit dem, was ich benötige und mir von Herzen wünsche.
- Ich genieße meinen Erfolg, denn je erfolgreicher ich bin, desto besser kann ich andere unterstützen.
- Ich vergebe mir, wenn ich von mir dachte, Geld verschwendet zu haben.
- Ich bin dankbar und bereit, die Fülle, die mir das Universum tagtäglich anbietet, anzunehmen.
- Ich bin allen Menschen für ihre Dienste dankbar und entlohne sie reichlich, so wie auch ich für meine Dienste reichhaltig entlohnt werde.
- Geben und nehmen aller materiellen Güter ist bei mir im vollkommenen Gleichgewicht und im Einklang mit den kosmischen Gesetzen.
- Dankbar nehme ich die Unterstützung - auch in Form von Geld - von anderen Menschen an. An-

dere Menschen lieben es, mich zu unterstützen.

Das ist die Psychologie des Reichseins: die Lehre oder Wissenschaft davon, wie die Gedanken des menschlichen Individuums das persönliche Verhalten beeinflussen.

Mit den psychologischen Gedankenstrukturen des Geldes werden Sie etwas über die Wirkung der Gedanken auf die Erschaffung des Reichtums erfahren, aber auch über den begrenzenden Einfluss von unbewältigten Gefühlen auf den Gelderwerb.

Es gibt Gedanken, die den Menschen große Schwierigkeiten bereiten. Diese Strukturen sind eng mit dem Kampf ums Überleben sowie Sicherheitsstreben verknüpft. Man klammert sich oft an negativen Gedankenfragmenten regelrecht fest, weil man glaubt, ohne diese Gedanken nicht zu überleben.

So werden falsche Vorstellungen für das Überleben gebraucht und das innere Chaos ist perfekt, denn der Gott ins uns will und braucht nicht ums Überleben zu Kämpfen – er ist.

Wenn wir schlafen, versinken Sie in einen unbewussten Bewusstseinszustand, in dem wir keine Kontrolle über unsere Gedanken haben. Und wir wachen dennoch am nächsten Morgen wieder auf. Wir haben dafür nichts getan. Das allein sollte uns zeigen, dass wir in dieser Welt sicher sind.

Gedanken, die häufig Probleme verursachen, sind auch jene, bei denen es um Liebe und Anerkennung geht. Sei es die Anerkennung und der Lob eigener Leistungen oder die Anerkennung durch andere – Eltern, Lehrer, Vorgesetzte.

In unseren ersten Jahren, während der infantilen Hilflosigkeit, könnten solche Gedankenmuster entstanden sein. Es kam uns vielleicht so vor, als sei unser komplettes Überleben von der Nähe und Anerkennung anderer Menschen abhängig.

Solche Muster könnten sein:

Niemand mag mich.
Ich bin vom Wohlwollen anderer abhängig.
Ich muss für das, was ich will und brauche, kämpfen.
Ich kann anderen nicht vertrauen. ...
Ich bin hilflos.

Der Schlüssel zur Veränderung der Gedanken und der sich daraus bildenden Lebenssituationen liegt dabei in Ihrer Hand. Sie müssen erkennen, dass Sie Ihre eigene Liebes- und Lobesquelle sind und Ihnen diese Arbeit niemand abnimmt. Im Gegenteil: Je mehr Sie sich selbst anerkennen, desto mehr werden es auch andere tun.

Es ist unmöglich, einen anderen Menschen mehr zu lieben als sich selbst. Es ist schier unmöglich, von anderen Menschen Zuwendung zu erhalten, wenn Sie sich selbst keine geben.

Anders formuliert: Wenn Sie lernen, Ihre eigene Gesellschaft mit sich selbst zu genießen, werden Sie auch die

---

Die meisten Bürokraten waren schon in ihrer Kindheit erschrocken – über die schier unendliche Weite ihres Laufstalls.
Graffiti

Nähe anderer mehr genießen. Das erleichtert den Weg zum Reichtum (wie hoch auch immer dieser sein mag) ganz erheblich.

Eine Komplikation, die sich aus der elterlichen Missbilligung im Kindesalter entwickeln kann, besteht in der Idee, dass man ausreichend Liebe und Zuneigung nur dann bekommt, wenn man sie sich – egal in welcher Weise – verdient. Man fängt an, an Beschränkungen und Begrenzungen, die nur durch Kampf überwunden werden können, zu glauben. Auf Geld bezogen kann das bedeuten, dass man sehr unangenehme Aufgaben verrichten muss, um Geld zu verdienen.

Die Lösung dieses inneren gordischen Knotens ist die größte Herausforderung in puncto Geld. Kleine Kinder sind für mich die Ebenbilder Gottes. Sie sind wie sie sind – und so sind sie voller Liebe, Lachen und Leben. Kinder imitieren die Eltern, sie eifern ihnen nach und neigen dazu, nicht nur das Verhalten, sondern auch die Gedanken zu übernehmen.

Die meisten Eltern sind ein wenig irritiert, wenn sie entdecken, dass die Kinder ihre eigenen Gedankenstrukturen ausagieren und reagieren mit Unbehagen, überschütten ihre Kinder mit neuen Verhaltensregeln, die alles wieder wett machen sollen. Aber genau diese Regeln setzen ja erst die Grenzen und behindern das Kind – es lernt genau dadurch die Beschränkung der Welt erst kennen.

Nach einer Weile geben die Kinder Ihren Widerstand

gegen die Eltern auf, denn es hat ja unangenehme Konsequenzen für sie, ein Rebell zu sein. Und das in jeder Beziehung. Erst leidet die familiäre Situation, später leiden Sie an ihren eigenen – übernommenen – Einstellungen.

Sich das Syndrom der elterlichen Missbilligung im Erwachsenenalter wieder bewusst zu machen und es verstehen zu lernen, macht es leichter, diese ehemalige Feindseligkeit aufzulösen. Wenn man ihren Ursprung einmal verstanden hat, nehmen die Gewichtung und der Grad der Hinderung ab.

Schließen Sie doch einmal für einen kurzen Moment Ihre Augen. Stellen Sie sich Ihre Eltern jetzt einmal als kleine Kinder vor. Schmücken Sie diese Szene aus, stellen Sie es sich in allen Einzelheiten vor, wie ihre Eltern als kleine Kinder wohl waren. Sagen Sie Ihnen etwas Aufmunterndes oder etwas, was Sie schon immer sagen wollten. Auf diese Weise können Sie bei ihnen alles loswerden und sich dennoch ganz sicher dabei fühlen.

Alles, was Sie lernen müssen, um Millionär zu werden, ist, Ihre Eltern vollkommen zu akzeptieren und mit allen Eigenschaften zu lieben. Nicht, weil sie es Ihnen verordnet haben, sondern weil Sie sich damit vom Ballast der negativen Einstellungen befreien, der Sie hindert, reich zu werden.

Negative Einstellungen sind die negativen Gedankenstrukturen, mit denen sich Menschen selbst einschränken und begrenzen. Depressive Gedanken sind heute weit verbreitet. Auch negative Gedanken über Geld, die entsprechende Situationen hervorrufen, führen zu depressiven Gedanken.

Nehmen Sie sich die Zeit und schreiben Sie, wenn Sie sich niedergeschlagen fühlen, Ihre Gedanken auf. Dies wird es Ihnen leichter machen, den wahren Grund Ihrer Depression zu sehen. Vielleicht entdecken Sie, dass man sich mit derartigen Gedanken gar nicht anders fühlen kann …

Der nächste Schritt ist dann, die negativen Gedanken in positive, aufbauende Gedanken zu verwandeln. Halten Sie diese auch schriftlich fest. Kleine depressive Verstimmungen sind durch diese Gedankenarbeit jederzeit veränderbar und heilbar. Wenn Sie mit der Gedankenarbeit vertrauter sind, finden Sie sicher nach einer Weile auch die grundlegende Wahrheit über Emotionen heraus. Diese Wahrheit ist, dass Liebe und Freude Ihr natürlicher Zustand sind.

Negative Emotionen besitzen ausschließlich die Macht, die Sie ihnen Kraft ihrer Gedanken und Einstellungen geben. Die größte Macht geben Sie ihnen, wenn Sie an ihnen verzweifelt festhalten. Starke negative Gefühle aller Art sind die körperlichen Reaktionen auf Gedanken, die wir fürchten.

Finden wir den Gedanken heraus, der die Emotion verursacht, ist die Macht gebannt. Wenn Sie sich in Ihre Emotionen hinein entspannen anstatt davor wegzulaufen, wird es leicht, die ursächlichen Gedanken zu erkennen. Es bleibt ein Gefühl, das wir als Liebe wahrnehmen, man könnte es auch mit Frieden, Ruhe, Entspannung, Kraft umschreiben.

Negative Gefühle bringen mit sich, dass man sich selbst

als nichtliebend empfindet. Man hat das Empfinden zu hilflos zu sein, um diesen Zustand verändern zu können. Tatsächlich aber ist es der Kampf darum, die Gefühle kontrollieren zu wollen, der diese Emotion weiterhin bestehen lässt.

Angst – kann die Angst vor Veränderungen, die Sie nicht mögen, sein. Vielleicht haben Sie auch die Idee, keinen Einfluss haben. Was Ihnen helfen kann, ist ein Gefühl der Sicherheit. Zuerst muss da das Gefühl der Sicherheit in Ihnen selbst sein, dann kommt die Sicherheit von außen – durch Menschen oder finanzielle Sicherheit durch Geldmittel.

Ärger – zum Beispiel könnte die Vorstellung von Hilflosigkeit sein. Extrem starker Ärger wird dann zur Wut, hält er noch länger an, wird es zum Groll. Sie brauchen aber heute nicht mehr hilflos zu sein. Erkennen Sie, dass Sie sich wehren können. Dass sie sich mitteilen können. Vergeben Sie sich und anderen, entlassen Sie ihren Ärgern und konzentrieren Sie sich auf eine – ihre! – positive Zukunft.

Eifersucht – ist Angst vor einem zukünftigen Verlust. Wenn andere Spaß haben, den Sie sich selbst nicht erlauben, entsteht in Beziehungen Stress und Eifersucht. Wenn Sie sich Geld nicht erlauben, schauen Sie eifersüchtig auf die, die sich viel Geld erlauben. Gestehen Sie sich die Freiheit zu, Geld und Liebe zu haben so viel sie möchten.

Schuldgefühle – entstehen meist aus Angst vor Strafe. Im Leben erfolgt dann oft Selbstbestrafung, bevor es ein anderer tun kann – zum Beispiel auch durch finanzielle Verluste. Lernen Sie entdecken, dass Sie unschuldig sind!

Traurigkeit oder Trauer – hat mit Verlust zu tun. Verlust von Menschen, Geld oder Möglichkeiten. Sie können nichts verlieren, da sie nur sich selbst haben, weil sie über sich und ihre Gedanken bestimmen. Geliebte Menschen gehen – ja. Seien Sie Ihnen dankbar dafür, dass sie da gewesen sind und gehen Sie sobald wie möglich ihren Weg selbstbestimmt weiter.

Sucht – ist eine starke Entfremdung von sich selbst und seinen Wünschen und Bedürfnissen. Sie verdienen Liebe, ob sie erfolgreich sind oder nicht, ob Sie etwas Besonderes leisten oder nicht.

Sie werden erst dann wohlhabend sein, wenn Sie Ihre Gefühle in Bezug auf Geld fühlen können. Geld ist auch ein emotionales Thema, aber die Gefühle darüber werden meist unterdrückt.

Ich möchte Sie auf einige dieser Gefühle hinweisen, die Sie möglicherweise unterdrückt haben. Was ihnen helfen wird, ist die Erkenntnis, dass an Ihnen nichts Falsches oder Anormales ist, wenn Sie (negative) Gefühle in Bezug auf sich selbst oder Geld oder andere Menschen haben.

Das größte Problem dabei sind nicht die Gefühle an sich, sondern die Tatsache, dass sich die meisten dafür schämen. ***Empfindungen sind keine Schuldzuweisungen, sondern vorübergehende Erscheinungen, genauso wie ein Regentag.***

Sie können jedes Gefühl verstehen lernen. Sie können

versuchen mehr Mitgefühl für sich selbst zu entwickeln – oder sich weiterhin anklagen und schämen. Wenn wir Scham empfinden, neigen wir dazu, solche Gefühle zu vermeiden, oder wir leugnen sie. Vermeidung und Verleugnung sind daher die eigentlichen Probleme und nicht die Gefühle selbst.

Auf das Thema Geld reagieren viele Menschen in Unterhaltungen fast emotionaler als auf das Thema Sex. Jeder hat etwas dazu zu sagen. Viele Menschen meinen, die Lösung für unsere Probleme zu haben. Ich behaupte, die einzige Lösung für Ihr Geldproblem liegt in ihrem eigenen Inneren, denn mit Geld kann man die Lösung unserer Probleme nicht kaufen.

Ein **Verschwender** gibt zwanghaft Geld aus. Meistens für Dinge, die er sich eigentlich nicht leisten kann. Er versucht auf diese Weise seine Minderwertigkeitsgefühle zu unterdrücken. Diese allerdings sind die Ursache für seinen Glauben, dass er sich besser fühlt, wenn er sich irgendetwas kauft. Verschwendungssucht kann behoben werden, es sei denn, sie wird geleugnet. Wenn ein Verschwender den Suchtcharakter erkennt, kann er sein Verhalten ändern. Wenn er die Sucht aber leugnet, wird sie bestehen bleiben.

Man kann bestimmt auch Millionär werden, wenn man sich vollkommen überanstrengt und nur noch eines im Kopf hat: Geld – Geld und noch mal Geld. Man will zu Geld kommen – egal, wie. Dann fühlt man sich jedoch nicht als Millionär und es könnte sein, dass auf sonderbare Weise das Geld sobald es kommt auch wieder verschwindet.

Angst ist vielleicht etwas, dass wir empfinden, wenn wir an eine zukünftige Veränderung denken. Etwas, das die wir eigentlich nicht wollen. Oder auch die Angst vor etwas Unbekanntem.

Schamgefühle hingegen sind meistens die Überzeugung, dass Sie schlecht oder nicht gut genug sind. Die Überzeugung, dass etwas mit Ihnen nicht stimmt.

Ihre Gefühle zu verleugnen, kann Sie viel Geld kosten.

Sie nicht ansehen zu wollen, verhindert möglicherweise den Beginn ihres eigenen Unternehmens. Glauben Sie mir eines: Es wird Sie nicht umbringen, ihre Gefühle zu spüren.

Persönliche Ängste sind in jeder Beziehung die größten Hemmschuhe, die es gibt. Und ich erzähle Ihnen da vielleicht kein Geheimnis. Wir werden darauf trainiert immer mehr und mehr zu wissen. Aber wir setzen uns nicht mit unseren eigenen Gedanken und Gefühle über Gott und die Welt auseinander.

Die Frage ist:

Was ist mein ureigenster Gedanke zu diesem Thema? Zu Geld. Zu Beziehungen.

Lesen können wir viel. Um aber etwas zu verändern, müssen wir unsere persönliche Einstellung klären und unsere Ängste überwinden lernen. Nicht nur einmal – immer wieder!

Beliebt bei vielen Menschen ist die **Angst vor Misserfolg**. Wenn Sie es vermeiden, Ihre Angst vor Misserfolg anzusehen, besteht die Wahrscheinlichkeit, dass Sie es nicht wagen, sich auf eigene Füße zu stellen. Mit dem eigenen Unternehmen ist Misserfolg viel offensichtlicher und natürlich auch möglicher als in einem 0-8-15-Job.

Wenn Sie leugnen, Angst vor einem Misserfolg zu haben, treffen Sie vielleicht überstürzte Entscheidungen. Anstatt auf ihr Bauchgefühl zu hören, wollen Sie dann vielleicht ihren Mut unter Beweis stellen, was fatale Folgen haben kann.

Ebenso hemmend ist die **Angst vor Zurückweisung**. Wenn Sie diese Angst vermeiden, werden Sie niemals verkaufen lernen. Die Frage ist, ob Sie Ihrem Gefühl erlauben, Sie von dem Erfolg abzuhalten, den Sie sich wünschen. Wenn Sie die Angst vor Zurückweisung leugnen, werden Sie einen anderen Grund als Erklärung dafür haben, warum Sie nicht gern verkaufen.

Oft unterdrückt: **Die Angst vor dem Tod**. „Sich zu Tode arbeiten" ist ein Satz, der schon auf viele Menschen zutraf. Eigentlich braucht man kein Geld, um zu leben. Viele Menschen machen ihnen das vor. Aber Sie werden über Einnahmen verfügen müssen, um Ihr Leben Ihren Vorstellungen entsprechend zu gestalten. Der Verlust von Geld wird nicht zu Ihrem frühzeitigen Tod beitragen.

Wenn Sie meinen, Geld ist überlebensnotwendig, dann werden Sie alles dransetzen, es zu bekommen.

Dann werden Sie auch Tätigkeiten ertragen, die Ihnen zuwider sind. Geld ist ein Spiel. Wenn Ihr emotionales Überleben nicht mehr auf dem Spiel steht, wird Geld Ihnen viel mehr Genuss verschaffen. Und noch mehr: Sie werden mit den Aktivitäten, mit denen Sie Ihr Einkommen erschaffen, mehr Menschen dienen.

Es gibt aber auch die **Angst vor dem (großen) Erfolg**. Sie wird meist stärker verdrängt als die Angst vor einem Misserfolg. Wenn Sie selbständig sind, sind Sie irgendwie mit der Angst vor Misserfolg zurecht gekommen, sonst würde es Ihr Geschäft nicht mehr geben. Schauen Sie sich ihren Neid oder ihre Vorbehalte auf Leute, die erfolgreicher sind als Sie, einmal an. Dies könnten die (wenigen) Indikatoren für die Angst vor Erfolg sein, vor allem dann, wenn sich ein persönlicher oder finanzieller Durchbruch noch nicht einstellen will. Ihr Verstand wird Ihnen Tausende Gründe nennen, warum Sie noch nicht haben, was Sie wollen.

Weit verbreitet: **Die Angst vor Verlust.** Als Freischaffender steckt man manchmal eine Menge Zeit, Geld und Energie in ein Projekt, das einem viel bedeutet. Und am Ende verliert man auch noch das Geld.

Im eigenen Geschäft besteht auch bei sehr erfolgreichen Projekten das Verlustrisiko. Wenn Sie die Angst vor Verlust vermeiden wollen, bleiben Sie besser in einer Festanstellung als in einem eigenen Unternehmen. Wenn Sie diese Angst leugnen, werden Sie vielleicht Risiken eingehen, um sich Ihren Mut zu beweisen.

Manche Leute hegen so destruktive Gedanken über Geld, dass es fast schon erstaunlich ist, das sie überhaupt noch etwas haben.

Es ist okay, Geld haben zu wollen. Der Wunsch nach Geld oder dem, was man dafür kaufen kann, ist universell und überall vorhanden. Geld ist sogar notwendig, im wahrsten

Sinne des Wortes, um am Geldspiel dieses Universums teilzuhaben. Aber ausschließlich des Geldes wegen zu arbeiten, bringt Ihnen keine Befriedigung.

Suchen Sie sich eine Arbeit, die Sie lieben können.

Setzen Sie Ihre Lebenskraft dafür ein, sich selbst gut zu verkaufen. Liefern Sie Qualität und gute Leistung ab und verlangen Sie faire Preise.

Das sind die größten Schlüssel zum Erfolg.

Geld ruft im Allgemeinen bei jedem mehr oder weniger Schamgefühle hervor. Menschen schämen sich, zu wenig oder zu viel zu haben. Sie schämen sich, dass andere zu wenig oder zu viel haben.

Wenn Sie Schamgefühle zu Geld haben, ist sowieso kein Betrag richtig. Jemand mit niedrigem Einkommen, der fünfhundert Euro für Klamotten ausgibt, fühlt sich wahrscheinlich reich. Derselbe Mensch kommt sich bei einem Rolls-Royce-Händler wahrscheinlich vor wie eine arme Kirchenmaus.

Wann ist man eigentlich reich? Wann fühlen Sie sich reich? Wann wohlhabend? Ab welchem Betrag wären Sie steinreich? Brauchen Sie dafür ein paar Hundert oder Tausend Euro? Oder sollten es schon Millionen sein? Vielleicht sogar Milliarden?

Das Geldsystem auf diesem Planeten funktioniert so: *Sie haben ein bisschen was und alle anderen haben den gesamten Rest.*

Auch wenn gelegentlich die Geldmenge angehoben wird: **Es gibt auf der Welt nur einen Kuchen, der den Namen**

„Geld" trägt. Und jeder hat daran seinen Anteil – mehr oder weniger groß. Es wird immer Leute geben, die mehr oder weniger Geld haben als Sie. Ausgenommen Sie sind der reichste oder der ärmste Mensch der Welt.

Ihre Fähigkeit sich mit der gerade vorhandenen Geldmenge wohl zu fühlen, trägt eine ganze Menge zu Ihrer Gelassenheit in puncto Geld bei.

Geld insgesamt gesehen ist ein wesentlicher Faktor ihrer persönlichen Freiheit.

Finden Sie ihre Bestimmung heraus!

Werde also nicht müde, deinen Nutzen zu suchen, indem du anderen Nutzen gewährst.
Marc Aurel

Haben Sie sich schon einmal gefragt, was Sie antreibt? Was ist ihr „Warum"? Warum arbeiten Sie wirklich? Was möchten Sie verändern auf der Welt? Was würden Sie gern in Ihrem persönlichen Umfeld ändern?

Die Antwort auf die obigen Fragen hat viel mit Ihrer Bestimmung zu tun.

Die Bestimmung – der innere Glaubenssatz, der ihr Lebensmotiv ist. Manche nennen das Bestimmung. Ohne diese Bestimmung wäre niemand zu irgendetwas zu motivieren. Das Leben ist der Ausdruck dieser Bestimmung.

Der Ausdruck eines jeden Menschen, seiner Bestimmung und seiner persönlichen Ziele für dieses Leben.

Ohne ihre Ziele oder die persönliche Bestimmung zu kennen, geraten viele Menschen in Depressionen. Daher halte ich es für sinnvoller, die inneren Ziele und Motivationen von Zeit zu Zeit – und rechtzeitig – zu überprüfen.

Ziele klar herausfinden:

 Erstellen Sie eine Liste mit mindestens

fünfzig Dingen, die Sie an sich mögen – ihre Entschlossenheit zum Beispiel, ihre großen Augen, ihre Zuverlässigkeit, die Geduld oder Ihren Humor.

Wenn Sie diese Liste fertig haben, wählen Sie davon drei Eigenschaften aus, die Sie am liebsten mögen.

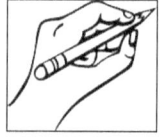

Nun schreiben Sie noch eine weitere Liste. Denken Sie sich jetzt mindestens fünfundzwanzig Möglichkeiten aus, wie Sie diese Eigenschaften gern nutzen.

Vielleicht brauchen Sie ihre Geduld um anderen zuzuhören, ihre Zuverlässigkeit, damit Sie immer pünktlich sind usw.

Wählen Sie nun aus dieser zweiten Liste wieder drei Möglichkeiten aus, die Sie deutlich bevorzugen.

Schreiben Sie jetzt eine kurze Aussage (25 Worte oder weniger) zu der Vision ihrer idealen Welt.

Verfassen Sie diese in der Gegenwartsform. Und schreiben Sie bitte, wie Sie es haben wollen oder sich wünschen.

Bitte schreiben Sie NICHT wie Sie es NICHT haben wollen.

Bringen Sie diese drei Phasen jetzt in einem vollständigen

Satz zusammen:

Meine Bestimmung im Leben ist, meine _____

_____ *(fügen Sie Ihre Lieblingseigenschaften ein)* **zu nutzen, indem ich**

_____

_____ *(fügen Sie hier Ihre liebsten Ausdrucksmöglichkeiten ein)*, **so dass** _____

_____ *(fügen Sie hier die Vision ihrer idealen Welt ein)*.

Beispiel:
Meine Bestimmung im Leben ist, meine Spiritualität, meinen Humor und mein Streben nach Unabhängig zu benutzen, indem ich schreibe, berate und kommuniziere, so dass viele Menschen mehr und mehr in ihr Potential kommen und die Welt ein Ort mit mehr Zufriedenheit wird.

Dieses Statement über sich selbst und ihr Leben sollten Sie so verinnerlichen, dass man Sie nachts aus dem Schlaf rütteln kann und Sie sagen dieses Statement wie ein Gedicht auf.

An der Verwirklichung zu arbeiten, bringt ihnen unglaubliche Zufriedenheit. Sie können natürlich auch weiter ihre Depressionen pflegen …

Die klare Aussage über Ihre Bestimmung hilft Ihnen, sich

weiterhin konkrete Ziele zu setzen und hilfreiche Entscheidungen zu treffen, da es sehr unwahrscheinlich ist, dass Ihnen eine Entscheidung, die nicht im Einklang mit Ihren innersten Wünschen steht, Ihnen Freude macht.

Ich hoffe, Sie haben den Mut dazu zu stehen, da dieses ganz wesentlich zu Ihrem Seelenfrieden beiträgt.

Fehlt Ihnen ein klares Gefühl für Ihre Bestimmung wird jeder noch so kleine Fortschritt, den Sie in Ihrer persönlichen Entwicklung machen, nur dazu dienen, Sie zum Sklaven eines anderen werden zu lassen. Wollen Sie das?

Sie sollten Ihre Vorstellungskraft / Ihre Imaginationsfähigkeit nutzen, um ihr Leben zu verändern. Sie können Ihr Einkommen erhöhen, wenn Sie Ihre Vorstellungskraft einsetzen und Ideen in die Tat umsetzen.

> **Vorstellungskraft ist wichtiger als Wissen!**
> **Sie müssen in Ihrem Geist mit Entschlossenheit verankern, was Sie in Ihrem Leben erreichen wollen.**
> Albert Einstein

In der Schule wird uns auch heute noch nicht beigebracht, wie wir unsere kreative Vorstellungskraft nutzen, da uns die Lehrer in den Schulen – das ganze System – zu analytischem Denken erzieht. Es wird also mehr untersucht, was irgendein anderer Mensch ge- oder erschaffen hat. Unser eigenes Inneres zu untersuchen wird selten gelehrt – obwohl es doch viel naheliegender wäre.

Die meisten Menschen sind es nicht gewöhnt, kreativ zu denken, aber glauben Sie mir – mit zunehmender Übung wird es immer leichter werden.

Machen Sie die Übungen so lange und so oft sie Lust dazu haben. Machen Sie sie so lange, bis Sie ihren perfekten Beruf ausüben.

Oder tun Sie das schon? Wenn nicht: Hat Ihnen jemand diktiert, was Sie lernen sollen? Haben Sie aus freien Stücken entschieden, welchen Beruf sie heute ausüben? Oder ist der Job, den Sie gerade machen, eine Notlösung um Geld zu verdienen?

Nehmen Sie sich bitte ein paar Minuten Zeit und schreiben Sie Ihre fünfundzwanzig Lieblingsbeschäftigungen auf.

Wenn Sie damit fertig sind, sehen Sie die Liste durch und wählen Sie die Tätigkeit aus, für die Sie bereit wären, Geld zu bekommen.

Jetzt erstellen Sie eine weitere Liste. Dieses Mal notieren Sie mindestens zehn (besser zwanzig) Möglichkeiten, anderen einen Dienst anzubieten, indem Sie Ihre Lieblingsbeschäftigung – für die Sie Geld annehmen können – ausüben.

Gehen Sie diese Liste in Ruhe durch und wählen Sie dann die Lieblingsmöglichkeit aus. Hier liegt das Potential, mit dem was Sie am liebsten mögen und können gutes Geld zu verdienen. Passt das mit Ihrem Job überein?

Nehmen Sie sich erneut einige Minuten Zeit.

 **Erstellen Sie jetzt eine Liste mit mindestens zwanzig Dingen, die Sie bereit wären zu tun, um damit Erfolg zu haben.**

Wenn Sie dazu (noch) nicht bereit sind, dann ist die Idee womöglich noch nicht richtig. Wiederholen Sie die Übung bis es sich gut anfühlt.

Wenn Sie bereits Ideen haben, wie Sie dies in die Tat umsetzen können, machen Sie sich einen Zeitplan und fangen Sie an, die Dinge zu realisieren. Vielleicht ist dies schon für einen nebenberuflichen Start in ein unabhängiges und erfolgreiches Leben geeignet.

> **Was der liebe Gott vom Geld hält, kann man an den Leuten sehen, denen er es gibt.**
> Peter Bamm, Schriftsteller

Lösungen für Finanzprobleme

Wer sich mit dem Thema Reichtum und Wohlstandsbildung fortwährend beschäftigt und die Strategien konsequent umsetzt, wird früher oder später vermögend oder sogar reich sein.

Alex Rusch

Die Überprüfung des Kontostandes unter Zuhilfenahme des Rechners um damit fieberhaft die Summen der offenen Rechnungen zu addieren, ist sicher kein adäquater Umgang mit finanziellen Engpässen.

Es ist mehr als schwierig finanzielle Probleme nur mit Geld lösen zu wollen. Sie brauchen auch ihre Vorstellungskraft, die sie in kreativer Weise unterstützt, und ihre Tatkraft. Statt sinnlos zu addieren und ihren Frust zu vergrößern, schreiben Sie lieber eine Liste:

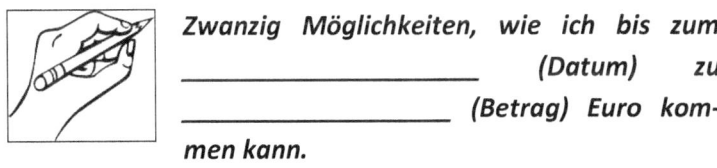

Zwanzig Möglichkeiten, wie ich bis zum _____ (Datum) zu _____ (Betrag) Euro kommen kann.

Sie entscheiden, welches Datum und welchen Geldbetrag Sie einsetzen. Aber setzen Sie den Betrag **nicht** zu niedrig an. Sie brauchen auch eine Herausforderung. Schreiben Sie alles auf, was Ihnen einfällt, klingt es auch noch so irreal.

Ein Weg zur Lösung von Finanzproblemen ist natürlich, das Einkommen zu erhöhen.

Ihr Arbeitseinkommen als Angestellter zu erhöhen, setzt die Vorstellung voraus, dass Sie es schaffen sich vorzustellen, dass Ihnen die Firma, für die Sie jetzt arbeiten, gehört. Aus dieser Betrachtungsweise heraus sollten Sie dann bereit sein, alles zu unternehmen, was getan werden muss, um das sinkende Schiff wieder auf Fahrt zu bekommen.

Machen Sie sich zunächst einmal klar, dass es keine Grenzen gibt. Sogar Verträge können geändert werden. Nirgendwo ist ein endgültiger Schlussstrich.

Möglichkeiten gibt es in diesem großen Universum mehr als der Einzelne im Stande ist, sich auszudenken.

 Schreiben Sie erneut eine Liste. Diesmal trägt diesen den Titel: ***Zwanzig Dinge, die ich tun würde, damit meine Firma besser floriert.***

Schreiben Sie alle Ideen auf. Egal wie irreal sie ihnen vorkommen.

Dieser Prozess bringt Klarheit und vor allem mehr Sicherheit. Er bringt ein Zugehörigkeitsgefühl.

Geben Sie Ihr Bestes und Sie erhalten das Beste zurück!

Einsatz macht sich (früher oder später) immer bezahlt, egal auf welche Weise es zu Ihnen zurück kommt.

Für manche Menschen ist eine Arbeitsstelle eine unendliche Ausdehnung der Kindheit. Sie wiegen sich in Sicherheit wie einst in Mutters Schoß. Sie waren als Kind von ihrer Mutter abhängig. Jetzt sind Sie es in ihrem Job. Zumindest dann, wenn Sie bei der Vorstellung, Ihren Job zu verlieren, in Panik geraten.

Panik und Angst sind extrem schlechte Ratgeber, denn Sie vermindern Ihre Kreativität, die Sie dazu einsetzen könnten, vorwärts zu kommen.

Fangen Sie an, zu sparen oder arbeiten Sie nebenberuflich, um ihre Reserven zu erhöhen. Das gute Gefühl, Geldreserven zu haben, wird erheblich zur Steigerung Ihres Einkommens beitragen, Ihnen weitere Sicherheit vermitteln, damit die Abhängigkeitsgefühle mindern und insgesamt den Weg zu ihrem Traumjob mit mehr Geld ebnen.

Sie können über Ihre Gehaltserhöhung verhandeln, statt einfach zu akzeptieren, was Sie angeboten bekommen, es sei denn Sie arbeiten in einer sehr großen Firma, wo nach Tarifvertrag bezahlt wird. Aber, sind Sie da richtig?

Eine Diskussion über eine Erhöhung ihrer Bezüge wird Ihnen wertvolle Informationen über die Erwartungen Ihres Arbeitgebers in Bezug auf Ihre Leistungen geben. Hören Sie genau zu und lernen Sie so viel wie möglich über Ihre Firma.

Egal welchen Beruf Sie ausüben, Sie werden wahrscheinlich Ideen haben, um Verbesserungen einzuführen. Wenn

Sie Ihre Produktivität erhöhen, verdienen Sie auch eine entsprechende Honorierung, z.B. in Form eines steigenden Einkommens. Auf diese Weise erhalten Sie etwas von dem Gewinn zurück, den Sie für Ihre Firma erwirtschaftet haben.

Viele Firmen zahlen viele Tausend Euro an betriebsfremde Berater, um die betrieblichen Probleme zu analysieren. Sie aber sitzen in der Firma, kennen Sie wie die eigene Westentasche und sind daher ein viel ökonomischerer Berater. Setzen Sie diese Fähigkeit mit Plan zum Wohle aller ein.

Mit anderen Worten: **Lernen Sie, sich selbst besser zu verkaufen.**

Erhöhen Sie Ihren Nutzen für die Firma und lassen Sie es die Entscheidungsträger wissen. Einsatz wird belohnt. IHR Einsatz wird belohnt, wenn er nicht auf Kosten anderer erschlichen wird.

Möglichkeit: „Ich habe mir etwas ausgedacht, was der Firma viele Kosten einspart. Ich würde dies gern übernehmen. Wenn ich mit dem Projekt fertig bin, das der Firma etwa xxx Euro / Jahr spart, hätte ich gerne eine Gehaltserhöhung von xxx Prozent. Sind Sie damit einverstanden?"

Oder: „Ich habe ein Verkaufstraining besucht und würde gern xxx verändern. Wenn ich den Umsatz um xxx Prozent steigern kann, würde ich gern xxx mehr Geld bekommen. Können wir auf dieser Basis verhandeln?"

Natürlich ist so eine Art der Gehaltsverhandlung ungewöhnlich. Trotzdem: Es lohnt sich! Denn es gibt eigentlich nur drei Möglichkeiten:

- nehmen, was man bekommt
- sich selbständig machen
- oder die Stelle wechseln.

Wenn Sie glauben, ein Chef gibt ihnen freiwillig und ohne Anstoß von außen mehr Geld, werden Sie wahrscheinlich enttäuscht. Der kann nämlich auch rechnen oder ist selbst an Weisungen gebunden.

Die Belohnung für Ihre Arbeit kommt entweder aus Ihnen selbst heraus – durch eine größere Befriedigung – oder <u>auf Anforderung</u> von außen durch Bezahlung und / oder vermehrte Anerkennung.

Genau so ist das mit Fairness. Wenn ich xxx mache, dann muss der Chef mir doch einfach mehr geben …

Wenn Sie darauf warten gerecht behandelt zu werden, warten Sie womöglich eine ziemlich lange Zeit. Sie sollten die Dinge besser klar zur Sprache bringen und lernen, für sich selbst einzutreten.

Wenn Sie sich weigern, die Dinge in die Hand zu nehmen, ist sicher jemand anderes da, der die Oberhand gewinnt und Vorteile zu nutzen (auszunutzen) weiß.

Selbständig sein oder arbeitslos bleiben?

Gute Arbeit kann man nur dann leisten, wenn man sich total mit der Idee und deren Umsetzung identifiziert.
Tony Robbins

Ich bin der Meinung, es sollte wieder mehr Selbständige geben. In den 70ern war es mit Tante Emma irgendwie angenehmer als an den unpersönlichen Aldi-Schlangen mit unfreundlichen Mitarbeiterinnen. Die Zeiten waren für Selbständige nicht einfach. Und viele machen sich gar nicht erst selbständig, vielleicht, weil unsere Eltern uns lehrten, niemals etwas ohne Erlaubnis zu tun.

Chefs sind manchmal so etwas wie Ersatzeltern und Sie geraten in die gleiche Abhängigkeitsbeziehung wie zu Vater und Mutter. Wenn Sie das Problem nur übertragen, aber nicht lösen, wird der (unbewusste) Groll bleiben.

Prinzipiell besteht der einzige Unterschied zwischen angestellt sein und selbständiger Tätigkeit darin, dass ein Selbständiger seine Produkte und Dienstleistungen möglichst vielen Kunden anbieten muss, um diese zu verkaufen.

Wollen Sie selbständig sein oder werden, müssen Sie sich die Mentalität eines Selbständigen zulegen. Dazu war die vorangegangene Übung gedacht.

Viele Selbständige arbeiten mehr und länger als Angestellte. Wenn sich Selbständige aber um eine ausgeschriebene Stelle bewerben würden, für die sie ebenso hart arbeiten müssten, würden die meisten wahrscheinlich dankend ablehnen. Der größte Vorteil der Selbständigkeit besteht nämlich in der freien Zeiteinteilung.

Als Selbständiger kann man nämlich entdecken, dass es gelegentlich produktiver ist, spazieren zu gehen. Frisch gestärkt mit einem guten Einfall, der in die Tat umgesetzt wird (notfalls bis nach Mitternacht) trägt dies sicher zu einem höheren Einkommen bei.

Kreative Ideen entfalten sich am besten, wenn Geist und Körper entspannt sind. Meine besten Ideen kommen mir in der Badewanne oder auf langen Spaziergängen.

Wenn Sie angestellt waren: Kommen Sie raus aus der Arbeitslosigkeit! Der Sinn von Arbeitslosengeld oder anderer Sozialhilfe ist, Menschen vorübergehend finanziell zu unterstützen.

Zeiten der Arbeitslosigkeit könnten genutzt werden, um wieder Selbstvertrauen aufzubauen. Mit neuem Mut und Begeisterung kann man viel eher eine neue Geldquelle erschließen als mit Frust und am Boden zerstört.

Den meisten Empfängern von Arbeitslosengeld ist das, glaube ich, nicht wirklich klar. Die einen sehen vielleicht von oben herab auf Hilfeempfänger herunter, die anderen wollen vielleicht gar nicht wirklich aus der Abhängigkeit, in der sie sich befinden, heraus. Konflikte scheinen vorprogrammiert und machen ein Entrinnen aus dem Teufelskreis manchmal scheinbar unmöglich.

Ich weiß, wovon ich rede. Vor einigen Jahren habe ich unverschuldet durch ein Burnout mein Einkommen von einem Tag auf den anderen komplett verloren. Da ich nicht so schnell wieder auf die Beine kam, wie ich gehofft hatte, war ich vorübergehend für finanzielle Unterstützung und die Bezahlung meiner Miete sehr dankbar.

Hätte ich das nicht gehabt, hätte ich einen Berg Schulden angesammelt und wäre über einige Monate nicht krankenversichert gewesen. Vielleicht hätte ich sogar nichts zu essen gehabt ... Ich war der ARGE (was für ein blödes Wort für diese Behörde ...) sehr dankbar, denn Dank der Unterstützung konnte ich mich nur kurze Zeit später wieder meiner favorisierten Erwerbstätigkeit widmen und wieder mein eigenes Geld verdienen.

> **Du musst nicht großartig sein,**
> **um etwas zu beginnen –**
> **aber Du musst etwas beginnen,**
> **um großartig zu sein.**
> Zig Ziglar, Autor

Ich wagte einen Neustart. Neustarts sind aufregend! Wenn man statt der Aufregung die Angst vor einem Berufswechsel in den Vordergrund stellt, kann es jedoch vorkommen, dass ein nötiger Wechsel hinausgezögert wird. Dieses Verhalten kann Sie arm und unzufrieden machen.

Die meisten Menschen wechseln mindestens einmal den

Job und Arbeitgeber. Nur selten trifft man auf Menschen, die nach ihrem Eintritt ins Berufsleben 25 oder 30 Jahre (oder sogar noch länger) die gleiche Beschäftigung ausüben.

Einen Job zu beherrschen und dann etwas Neues oder einen anderen Arbeitgeber zu probieren, ist meiner Ansicht nach ein Zeichen erfolgreicher Menschen, auch wenn manche Personalleiter vielleicht etwas anderes behaupten.

Wenn man es schafft, sich seine Kreativität zu erhalten, kann man sich immer wieder aufs Neue Beschäftigungen kreieren und zudem finanziell erfolgreich sein.

Erfolgreiche Unternehmer haben ein Hauptgeschäft, aber immer viele Eisen und Projekte im Feuer! Selbständige Wissen, dass Ausruhen und Gleichförmigkeit auch Stagnation bedeuten kann. Warten Sie also nicht, bis Sie bereit sind, sich zu verändern. Vielleicht warten Sie lange – zu lange – auf diesen „Kick".

Ich habe einmal Bungee-Jumping gemacht. Der Kick kam erst, als ich mich überwunden hatte zu springen. Auf dem Weg nach oben war die Angst vorherrschend. Aber die Tatsache, dass ich mich überwunden habe, sorgte noch Jahre später für Gesprächs- und Lesestoff. Und für mich ist es für immer ein unvergessliches Erlebnis!

Wenn Sie sich nicht entscheiden können, machen Sie doch einmal eine Übung, die mir seinerzeit Phil Laut, der bekannte Autor von „Geld ist mein Freund" erzählte, als wir uns über meine Workaholic-Tendenzen unterhielten. Er meinte, ich sollte mal Faulheit lernen. Mit Selbstachtung faul zu sein, sagte er, würde meine Scham hervor bringen, damit ich sie bearbeiten kann.

Phil hatte Recht. Ich blieb einen ganzen Tag im Bett, obwohl ich nicht krank war und hatte wirklich Schwierigkeiten damit, ab mittags noch im Bett zu bleiben, weil es mich an diesem ganz gewöhnlichen Wochentag nicht mehr im Bett hielt.

Alles in mir wollte an meinen Schreibtisch. Ich übte es in regelmäßigen Abständen – so lange, bis ich mich gut entspannen könnte und mich ob meiner Faulheit nicht mehr schämte. So ein Seelen-baumel-Schlumper-Tag wie eine Bekannte zu sagen pflegt, ist wahrscheinlich der Gesundheit und Kreativität viel zuträglicher als arbeiten über die Erschöpfungsgrenze hinaus. (Nur faul sein um des faul seins willen ist allerdings nicht das Gleiche!)

Wer das elterliche Missbilligungssyndrom mit sich herum schleppt und glaubt, dass Liebe etwas ist, was man sich verdienen muss, ist gut beraten diese Übung in Selbstachtung mal auszuprobieren. So werden sie lernen sich zu lieben, während sie nichts tun. Selbstachtung entsteht aus den Gedanken und Einstellungen, die Sie zu sich selbst haben. Sie sind der Mensch, mit dem Sie lebenslänglich zusammen sind und daher die meiste Zeit verbringen sollten.

Selbstachtung kann übrigens durch Geld nicht verbessert werden. Es ist anders herum: ***Erst die Selbstachtung und dann folgt die Geldvermehrung!***

Machen Sie regelmäßig das, was Ihnen Freude bereitet,

damit die Selbstachtung (wieder) steigt. Nehmen Sie ein Bad, gehen Sie ausreichend spazieren. Umgeben Sie sich mit Ihren Freunden, lernen Sie neue Menschen kennen. Schauen Sie sich die Menschen in den Straßen an. Gönnen Sie sich ein Eis, wenn Sie Lust darauf haben, gehen Sie schwimmen oder zur Massage, sonnen Sie sich im Garten, bleiben Sie sonntags bis mittags im Bett ...

Oder: Lesen Sie im Restaurant nur die linke Seite der Karte, verdecken Sie die rechte Seite und bestellen Sie sich was Sie gern essen möchten. Gehen Sie gelegentlich ins beste Hotel der Stadt und trinken Sie dort einen Kaffee.

Finden Sie heraus, was Sie an anderen Menschen mögen. Schreiben Sie mindestens einmal in der Woche auf, was Sie beschäftigt und überlegen Sie sich zu negativen Gedanken einige Affirmationen.

Machen Sie sich bewusst, wie reich Sie schon sind. Gehen Sie mit offenen Augen durch die Welt und überlegen Sie sich einmal, was alles nötig war, um Straßen und Häuser zu bauen. Wie viele Menschen haben an dem Supermarkt gebaut und was war alles nötig, damit Sie jetzt hier ihr Bier oder ihren Käse einkaufen können? **Sie leben bereits im Luxus, sie haben nur nicht darüber nachgedacht.**

Was ist Armutsbewusstsein?

Erfolg kommt,
wenn man sich selber folgt.
Klaus Kobjoll, Hotelier

Ich heiße anders – und jeder Mensch ist anders. Daher sollte keiner der Leser dieses Buches erwarten, hier alle Gründe für das Armutsbewusstsein aufgelistet zu finden.

Überprüfen Sie, ob einer oder manche davon auf Sie zutreffen. Wenn das der Fall ist, wenden Sie neue Gedanken / Affirmationen an. Wenn nicht, machen Sie sich auf die Suche in ihrem Inneren!

Misserfolg als Abrechnung mit den Eltern ist eine sehr häufige Ursache für chronischen Geldmangel. Sehr oft besteht für Kinder die einzige Möglichkeit, das Interesse der Eltern zu wecken, darin, etwas zu tun, was diese in jedem Fall missbilligen werden – lautes Schreien, rumtrampeln, mit Essen rumschmieren, bewusstes ignorieren von Anweisungen und vieles mehr.

Für die Kinder scheint dies der sicherste Weg zu sein, Aufmerksamkeit zu erhalten. Auch, wenn diese Aufmerksamkeit Kritik ist.

Wir haben verlernt, den positiven Dingen Aufmerksamkeit zu schenken und zu versuchen, harmonisch miteinander zu leben. Interessanterweise gibt's daher heute eine erfolgreiche Katharina Saalfrank, die im Fernsehen dokumentiert, wie man es macht. Dinge, die wir alle selbstverständlich wüssten, wenn wir nicht auf die Negativität gehört hätten, die man uns vorlebte. Aber woher sollten wir es wissen? Erst in den letzten 30 Jahren wird auf diese Aspekte mehr und mehr Wert gelegt.

Haben Sie einmal versucht, Ihren Eltern mitzuteilen, was Sie von Ihrer Erziehung gehalten haben? Haben Sie mal versucht zu sagen, was Sie sich eigentlich gewünscht hätten?

Wahrscheinlich verlief die Unterhaltung unerfreulich. Aber als Erwachsene sind wir jetzt in der Lage, den angestauten Ärger aus Kindertagen wieder loszuwerden.

Ein einfacher Weg besteht darin, finanziell zu scheitern. Ihre Eltern leben so in der ständigen Sorge, Sie unterstützen zu müssen oder fühlen sich für Ihr Scheitern verantwortlich. So kann man natürlich ein ganzes Leben verbringen. Da Sie sich so aber nicht besser fühlen, bleibt auch das befriedigende Gefühl aus.

Hier bleibt Ihnen eigentlich nur eines: **Vergeben Sie Ihren Eltern das ignorante Verhalten und lernen Sie Liebe und natürlich Geld anzunehmen.**

Die unglaubliche Angst vor Liebesverlust, hemmt uns sehr. Wenn Ihre Eltern ihre Liebe durch Dinge wie Autos, Kleider und andere materielle Dinge ausdrückten, dann hielten Sie diese Geschenke als den Beweis ihrer Liebe.

Wenn Sie also arm (bzw. ärmer als ihre Eltern) bleiben, können Sie weiterhin ihre „Liebe" annehmen. Sie werden möglicherweise um Geldbelange kämpfen. Vielleicht sind Sie schlechter bezahlt als ihre Kollegen, vielleicht moppt man sie. Oder sie müssen mehr leisten als andere oder neigen zum Perfektionismus – ohne je mit sich selbst zufrieden zu sein.

Sie sollten lernen, dass Liebe nichts mit Geld zu tun hat. Kommen Sie ihren koppelnden Gedanken auf die Spur und beenden Sie sie! Notfalls mit der Hilfe eines Beraters, eines Seminars über Geld oder sogar eines Therapeuten. Die Gedanken zu verändern, ist der erste Schritt raus aus der Krise!

Ein anderes Finanzmuster: Haben Sie Geld geerbt – und es dann wieder verloren? Man muss keine Millionen geerbt haben, um gewonnenes Geld wieder zu verlieren. Es reicht durchaus aus, wenn man Ihnen als Kind Geld für etwas versprochen hat, dass dann so nicht eintrat und auch nie eintreten wird. Dieses gewonnene oder vererbte Geld führt häufig zu Schuldgefühlen, Gefühlen der Hilflosigkeit und natürlich zu Verlustängsten im Zusammenhang mit dem Thema Geld.

Meine Eltern besaßen ein Vierfamilienhaus, das Sie mir eines Tages vererben wollten. Jahrzehntelang wurde ich damit unter Druck gesetzt, für meine Eltern da zu sein, damit ich das Haus erbte. Selbstverständlich wäre ich auch so für meine Eltern da gewesen, ohne Haus, ohne Erbe. Ich hätte mir viel lieber gewünscht, einmal in den Arm genommen zu werden, als jahrzehntelang die Aussicht auf ein Haus zu haben, das ich gar nicht haben wollte.

Wissen Sie, was das beste Gefühl in diesem Zusammenhang war? Das unglaublich befreiende Gefühl, dieses Haus zu verkaufen, nachdem meine Eltern verstorben waren. Meine Hand zitterte, als ich die Unterschrift unter den Vertrag setzte und alles in mir jubelte „ja, ja, ja – endlich frei!" Dass das Geld nicht lange hielt, muss ich Ihnen jetzt wohl nicht extra schreiben, oder?

Die Aussicht auf eine Erbschaft kann auch dazu führen, dass sich der Erbe nicht mehr um sein eigenes Einkommen kümmert, z.B. keiner gewinnbringenden Arbeit nach geht, verschwenderisch wird oder Investitionen tätigt, die keinen Gewinn versprechen. Wie geht man damit jetzt um?

Diesen destruktiven Geldknoten zu knacken, erfordert zwei Schritte von Ihnen.

Der erste Schritt besteht darin, für das geerbte Geld die Verantwortung zu übernehmen. Die mit dem Erbe verbundenen Schuld- oder Hilflosigkeitsgefühle sollten gelöst oder mindestens hinterfragt werden.

Der nächste Schritt besteht dann darin, die unterbewusste Verknüpfung von Geld und Tod zu lösen. Sie können selbst wohlhabend werden – während Sie leben!

**Feiere und freue dich an allem,
was du erschaffst, erschaffen hast.**

**Einen Teil davon ablehnen,
heißt einen Teil von dir ablehnen.**

**Erkenne als dein eigen an,
beanspruche, segne,
sei dankbar für das,
was immer sich dir im Moment
als Teil deiner Schöpfung zeigt.**

**Verdamme es nicht,
denn es verdammen heißt,
dich selbst verdammen.**

Gespräche mit Gott, Neale Donald Walsh

Hilfe – ich bekomme nicht was ich will.

Viele Menschen, manchmal gerade besonders kluge, meinen, dass Geld alles ist. Sie haben recht.

Ephraim Kishon, Satiriker

Das Gefühl der Hilflosigkeit manifestiert sich mit den Gedanken, nicht bekommen zu können, was man möchte oder braucht. Manchmal auch darin, dass es sehr schwer zu bekommen ist, was man braucht.

Der Rückschluss ist dann, dass es sich gar nicht erst lohnt, etwas dafür zu tun. Lieber verharrt man dann in diesem Gefühl, statt sich für sich selbst einzusetzen. Möglicherweise kennen Sie dieses Gefühl, wenn Sie als Kind gelernt haben, unangenehme Aufgaben nur deshalb zu tun, weil Sie eine Belohnung bekamen. Ein typisches Beispiel meiner Generation wäre der berühmte Spinat, der erst aufgegessen werden musste, bevor es zum Nachtisch ein Eis gab.

Sie unterliegen später vielleicht der Überzeugung, Ihre Freiheit oder ihren freien Willen aufgeben müssen, um zu bekommen, was Sie wollen. Wenn Sie sich (unbewusst) dafür entscheiden, dass Ihnen Ihre Freiheit aber wichtiger ist als Geld, werden Sie vermutlich arm bleiben oder erarbeitetes Geld wieder verlieren.

Lösen Sie sich daher aus dem Belohnungssystem. **Geld zu haben und zu bekommen ist selbstverständlich.** Allerdings nicht für alle, denn es kursiert noch ein Mythos zum Thema Geld: Frauen brauchen kein Geld …

Ich kenne Frauen, deren stärkster negativer Gedanke über Geld ist, dass Geld und Geld verdienen nur etwas für Männer sei. Auch heute noch gibt es diese Einstellung, allerdings etwas weniger. Frauen werden selbstbewusster. Aber was machen Sie, wenn Sie entweder keinen adäquaten Mann finden oder dieser Sie nicht versorgen kann oder will?

Das Fatale ist nämlich: Geld reagiert einzig und allein auf die Befehle Ihres Verstandes!

Es kennt kein Geschlecht. Es kennt keine Zeit. Es kennt keine Grenzen. All das sind nur Ideen. Es gibt nichts und niemanden, der oder das Sie davon abhalten könnte, Millionärin zu werden! Und das gleiche gilt auch dafür, eine attraktive Millionärin zu werden, sein oder zu bleiben. Nur die Ideen und die Einstellung, die Sie dazu haben.

Zuerst sollten Sie sich, egal für welche Arbeit, Anerkennung geben. Ob Sie in einer Bäckerei arbeiten, im Management, als Beraterin oder ob Sie Mutter sind. Anerkennung für die eigenen Leistungen ist der erste Schritt.

Aber auch die Männer bleiben nicht verschont. Ein Grundgedanke könnte sein: Männer wollen nur eines: Geld …

Als Mann haben Sie vielleicht eher ein Gefühl oder einen

Bezug zu Geld. Den meisten Frauen ist die Familie wichtiger als das Heranschaffen von Geld für den Lebensunterhalt.

Vielleicht werden Sie aber beim ehrlichen Nachdenken über das Thema entdecken, dass der größte Teil der Erziehung negativ besetzt ist und daher mit Kampf und Kontrolle zu tun hat.

Eine weit verbreitete Vorstellung bei Männern ist, erst ein Vermögen anhäufen zu müssen, damit die finanzielle Sicherheit gegeben ist. Erst dann oder danach kann man sich entspannen – wenn nicht der erste Herzinfarkt daran hindert ...

Diese Spannung sollte gelindert werden, wenn Sie sich selbst noch ansehen wollen. Denn behalten Sie dieses Muster, sind Sie auch dann nicht entspannt, wenn Sie zu Geld gekommen sind.

Übrigens: Finanzielle Probleme sind wahrscheinlich der Hauptscheidungsgrund. Zu viel Geld zu haben, ist sicher kein Scheidungsgrund – oder kennen Sie jemanden? Gut, außer wenn man nur und ausschließlich wegen des Geldes geheiratet hat.

Ein Zuwenig an Geld verursacht schlechtere Lebensumstände, andere Essgewohnheiten, weniger Freizeitaktivitäten und vielleicht auch Depressionen und Enttäuschungen.

Aber zu wenig Geld führt nicht zwangsläufig zur Scheidung. Die Schwierigkeit besteht darin, sachlich über Geld zu sprechen und die Emotionen raus zu lassen. Und noch weniger kann man gemeinsam für das jeweilige Wohl des anderen sorgen.

Aber: **GELD IST NICHT DAS PROBLEM.** Die Einstellung dazu verursacht die Probleme erst. Das Geld fehlt, lässt die unterdrückten Gefühle ans Licht kommen, die bearbeitet werden wollen.

Finanzielle **Arrangements** für Ihren Haushalt können Sie durch sachliche Gespräche und durch Experimentieren herausfinden. Aber sie sollten sachlich bleiben. Was nicht einfach ist – ich weiß auch hier, wo von ich rede, denn sachlich zu bleiben, wenn der Kühlschrank leer ist und der Partner sich keinen Job sucht, sondern aufgrund seiner depressiven Gedanken nur Fernsehen schaut, ist ein knallhartes Abenteuer. Da braucht man eigentlich keinen Actionfilm im Fernsehen mehr anschauen. Man hat es ja live …

Viele Menschen gehen in ihren Beziehungen mit Geld genau so um, wie sie es früher bei den Eltern beobachteten – und ahmen es unreflektiert nach. Da kann es für Sie wertvoll sein, einmal etwas anderes zu probieren. Außer, die Beziehung Ihrer Eltern war auch in puncto Geld vollkommen harmonisch.

War es aber nicht so, führt es Sie vielleicht dahin, dass man in Gesellschaft anderer gar nicht über Geld redet. Geld hat man, da braucht man schließlich nicht darüber reden …

Wenn Sie aber über Probleme nicht reden, geraten Sie immer weiter in den Strudel der Konflikte hinein und womöglich werden die Probleme immer größer und größer. Auf der Beziehungsebene und auf der Geldebene auch. Dabei ist es wichtig, auch private Finanzen mit einer gewissen Geschäftsmäßigkeit anzugehen, wenn Sie finanziell versorgt oder abgesichert sein möchten. Ein (zu) lascher Umgang führt dazu, dass Sie nie das bekommen, was Sie möchten.

Machen Sie sich einen Plan. Schreiben Sie auf, wie viele Einnahmen Sie haben, machen Sie sich eine Ausgabenliste. Machen Sie so eine Art Mini-Buchführung für sich selbst. Und zwar rechtzeitig und nicht erst dann, wenn die Bank diese Auskünfte für das Darlehen anfordert …

Das ist vor allem für Paare von grundlegender Bedeutung, damit Sie und Ihr Partner über Ihre Finanzen ohne Kritik und Geschreie reden können.

Anders ausgedrückt: Solange Sie glauben, dass Geldhaben mit Streit zusammen hängt, werden Sie für sich selbst möglicherweise Schlussfolgern, dass mehr Geld entsprechend zu mehr Streit führt.

Ich bin ein großer Verfechter von getrennten Konten. Wobei hier Einnahmen und Ausgaben geregelt sein müssen.

Wenn ein Millionär seine Freundin, eine 400-Euro-Jobberin, in sein 3.000-Euro-Miete-Haus einziehen lässt, ist wahrscheinlich das Kellergewölbe noch zu teuer für die gute Dame – und eine Beteiligung an den Hauskosten undenkbar. Aber dennoch: Eine Regelung muss her! Denn: der gemeinsame Zugriff auf ein Konto könnte in einem Wettlauf enden: Wer hat das Geld als erster für sich ausgegeben?

Als mein Ex-Mann und ich nach Jahren endlich ein gemeinsames Haus und auch ein gemeinsames Konto hatten, stritten wir uns nur noch über Geld und wer wann wie viel davon ausgegeben hatte. Ich löste alle meine Sparkonten auf, um die Löcher zu stopfen und er gab das meiste seines Einkommens für dämpfende Medikamente aus. Ich sage Ihnen: Spaß hat das keinen mehr gemacht! Hätten wir vernünftige Regelungen und getrennte Konten gehabt, hätten wir zumindest unsere Lebensqualität gerettet.

Man kann gelegentliche Meinungsverschiedenheiten über Geld sicher nicht vermeiden, denn wenn zwei Leute in allem übereinstimmen, können Sie sicher sein, dass einer für beide denkt und handelt.

Finden Sie daher ihre finanziellen Werte heraus. Wenn sich diese stark von denen Ihres Partners unterscheiden, werden Sie wahrscheinlich Probleme bekommen. Es sei denn, Sie können die Unterschiede überbrücken und als Ergänzung erfahren. Dadurch vermindern oder vermeiden Sie Geld-Konflikte.

**Mit Geld bist du ein Drache
- ohne Geld ein Wurm.**
aus Japan

Lernen Sie, mit Geld sachkundig umzugehen ...

Was nützt es dem Menschen, wenn er Lesen und Schreiben gelernt hat, aber das Denken anderen überlässt...
Ernst Hauschka

Um den **Profite** eines Geschäfts zu vergrößern, muss man neue Wege finden, den alten und zukünftigen Kunden mit Produkten und Dienstleistungen zu dienen.

Dabei spielen viele Dinge eine übergeordnete Rolle: geringe Kosten bei hoher Qualität, Dienstleistungsbereitschaft, Senkung der laufenden Fixkosten, Erhöhung der Rendite u.v.a.m. In einer Partnerschaft wollen alle diese Dinge gut – und vor allem sachlich – besprochen werden, damit Sie gemeinsam Ihre finanziellen Ziele erreichen.

In jedem Geschäft gibt es feste Kompetenzen und Zuständigkeiten. Finanzielle Harmonie und Kooperation in einer Liebesbeziehung erfordern daher weit mehr Kommunikation und Auseinandersetzung als in einem Unternehmen, wo die Dinge geregelt sind.

Sind sie Alleininhaber einer kleineren Firma sind Sie nur für sich selbst verantwortlich und sollten ggf. einen UNABHÄNGIGEN Berater zu Rate ziehen, wenn Sie investieren wollen. Ich kann Ihnen das nur dringend ans Herz legen, denn dadurch – durch Überlegen – können Sie viele Fehlinvestitionen vermeiden.

Nehmen Sie sich mit Ihrem Partner jeden Monat Zeit für ein Geld-und-Finanzen-Meeting. Ein bis zwei Stunden sollten da durchaus ausreichend sein. Sprechen Sie NUR während dieser Meetings über finanzielle Belange. Vielleicht bereiten Sie während des Monats ganz geschäftsmäßig eine **Tagesordnung** vor und gehen diese dann gemeinsam durch.

Legen Sie die finanzielle Situation offen. Sprechen Sie Bedenken an. Äußern Sie Wünsche, die außerhalb des Alltäglichen liegen. Legen Sie gemeinsam fest, was Sie tun und was Sie lassen möchten. Machen Sie eine aktuelle Auflistung ihres Vermögens, Ihrer Anschaffungen, Ihres Inventars, Ihrer Kontostände. Ist Ihre Situation bereits zu kompliziert, ziehen Sie einen Steuerberater oder Buchhalter zur Unterstützung heran.

Es MUSS eine klare Übereinstimmung bei der **Aufgabenverteilung** geben: Wer ist für die Wertpapiere zuständig, wer für die Begleichung der Rechnungen, die Haushaltsausgaben, die Bankkonten.

Die Feststellung, dass Ihr Partner monatlich Geld auf ein geheimes Konto überweist, bringt Sie wahrscheinlich genauso auf die Palme, wie die Tatsache, dass ihr Partner einen Kredit laufen hat, von dem Sie nichts wissen. Geheimnistuerei bringt allerdings früher oder später nur einen Vertrauensbruch mit sich, wenn das gut gehütete Geheimnis aus einem wahrscheinlich sehr blöden Grund auffliegt. Und dann erklären Sie mal …

Zumindest in einer Partnerschaft sollten Sie offen damit umgehen. Und machen Sie doch mal eine private Umfrage unter Ihren Bekannten mit der direkten Frage: „Wie viel verdienst du?" Von Fremden erhalten Sie wahrscheinlich die Antwort: „Das geht Sie doch nichts an!" und manche werden sagen: „Es reicht zum Leben…" Es ist sicher nicht ratsam, mit jedem über Ihre finanzielle Situation zu sprechen.

Fakt allerdings bleibt: Wenn Ihnen Gespräche über Geld unangenehm sind, verringert sich Ihre Chance, mehr Geld zu bekommen.

Wenn Sie eine Aufstellung Ihrer aktuellen Situation erstellt haben, können Sie damit beginnen, Ihre finanziellen Ziele zu definieren. Das wiederum bringt sie in die Lage, Entscheidungen zu treffen, und um über kreative Wege zu diskutieren, wie die Möglichkeiten des V.I.S.A-Prinzips anzuwenden sind.

Geldmanagement ist kein Luxus, der reichen Menschen vorbehalten ist. Das Gegenteil ist der Fall!

Wenn Sie warten, bis Sie reich sind, um zu lernen mit Geld weise umzugehen, ist es wahrscheinlicher, dass Sie unvermögend bleiben.

Von jetzt an werde ich nur so viel ausgeben, wie ich einnehme – und wenn ich mir Geld dafür borgen muss!

Mark Twain

Ein paar Ideen zum Geldmachen

Geld verdirbt nur den Charakter, der schon verdorben ist.
Edgar Faure, frz. Politiker

Nachfolgend gebe ich Ihnen noch einige gesammelte Ideen an die Hand, die wichtig sind, wenn man Geld verdienen möchte.

- Frei sein, ist das A & O. Je freier Sie sich fühlen, desto reicher (innerlich und / oder äußerlich...) werden Sie sein.
- Schreiben Sie eine Liste mit mindestens 100 Dingen, wie Sie zu (mehr) Geld kommen können.
- Bleiben Sie bei allem, was Sie tun, ehrlich. Ehrlich währt am längsten.
- Nehmen Sie einen Nebenjob an, wenn Sie sich aus einem vorübergehenden Gelddilemma befreien wollen.
- Geben Sie weniger aus. (Siehe weiter hinten im Buch die Spartipps)
- Machen Sie das, was Sie am liebsten machen und nichts anderes. Dann kommt Geld automatisch irgendwann zu ihnen.

- Vergessen Sie nie, dass Geld nur aus Papier oder Metall besteht oder bestenfalls ein paar Buchstaben auf dem Kontoauszug sind.
- Lassen Sie Ihr Geld für sich arbeiten und werden Sie nicht der Sklave des Geldes.
- Geld folgt dem Spaß und der Liebe zur Sache. Wo kein Spaß ist, ist wenig Geld!
- Schminken Sie sich Ihre Gedanken an Mangel in jeder Form ab. Unsere Welt hat mehr als genug für alle!
- Lesen Sie gute Bücher über Geld. Arbeiten Sie intensiv an Ihrem Reichtumsbewusstsein!
- Es gibt Wichtigeres im Leben als Geld. Denken Sie einmal darüber nach!
- Erfinden oder entdecken Sie etwas. Verkaufen Sie es. Dann ist ihnen das Geld sicher.
- Machen Sie bei Preisausschreiben mit.
- Sollten Sie ganz pleite sein, bitten Sie Freunde um ein kurzfristiges Darlehen oder eine Spende. Zahlen Sie das Geld unverzüglich zurück, sobald es Ihnen wieder besser geht.
- Schmeißen Sie alle Ihre Ängste bezüglich Geld über Bord. Es sind nur Gedanken und die kann man ändern.
- Helfen Sie beim Umverteilungsprozess des Geldes. Der Geldkuchen wird nicht größer – Sie müssen Ihr Kuchenstück größer abschneiden!
- Öffnen Sie sich für Geld. In einen verschlosse-

nen Tresor kann man auch nichts hinein tun...

- Investieren Sie Ihr Geld richtig! Informieren Sie sich und lassen Sie sich von <u>unabhängigen</u> Beratern beraten!
- Machen Sie selbst einen Flohmarktstand mit ausgedienten Sachen, die für Sie keinen Wert mehr haben. Für andere hat es bestimmt einen Wert! Verkaufen Sie grundsätzlich das, was Sie nicht mehr benötigen. Andere freuen sich darüber.
- Helfen Sie anderen. Dienen Sie. Seien Sie ein Dienstleister im wahrsten Sinne des Wortes. Nehmen Sie (auch) Geld für Ihre Dienste.

**Grundsätzlich gilt folgende Regel:
Geld hat nur,
wer Geld nicht nötig hat.**
Benjamin Disraeli

Ängste vor dem Reich-Sein …

Verändere die Betrachtungsweise von Dingen und die Dinge, die Du betrachtest, werden sich ändern.
Dr. Wayne Dyer

Fast jeder Mensch hat Angst vor Veränderung. Veränderungen führen ins Unbekannte. Wir haben oft Angst davor, auch, wenn die Veränderung eine Wendung zum Besseren ist.

Manche Frauen leben in Sorge, dass Sie von ihrem Mann verlassen werden, wenn er erst einmal reich ist. Männer befürchten Partnerschaftsprobleme, wenn ihre Frauen durch eigene Erfolge plötzlich unabhängig werden.

Nehmen Sie sich Zeit, um sich über ihre **Ängste** klar zu werden. Stellen Sie sich vor, Sie hätten ab nächsten Monat das 10-fache Gehalt zur Verfügung …

Sprechen Sie mit Ihrem Partner über so eine Idee. Was wäre, wenn …

Machen Sie doch eine lustige Partnerübung daraus. Der eine sagt zwei Minuten lang nur: „Eine Angst, reich zu werden, ist …" und vervollständigt dann spontan diesen Satzanfang. Der andere hört ausschließlich zu und sagt einfach „danke". Nicht mehr. Nach zwei Minuten wird dann gewechselt.

Natürlich können Sie das auch schriftlich für sich machen.

 **Schreiben Sie 15 bis 20 Sätze (oder auch gern mehr) zum Thema „Eine Angst, reich zu werden, ist …" auf.**

Wenn Ihr Partner das auch gemacht hat, tauschen Sie doch anschließend einmal die Papiere aus! Nicht diskutieren! Danke sagen, wirken lassen.

Sprechen Sie dann auf Ihrem nächsten Finanz-Meeting darüber, was noch hängen geblieben ist.

Übrigens, ich fand einen weiteren schönen Spruch bei Neale Donald Walsh, Gespräche mit Gott 1, den ich sehr interessant fand:

**Wenn du pleite bist,
bist du pleite.**

**Es ist sinnlos zu lügen,
und der Versuch,
eine Geschichte zu fabrizieren,
um es nicht zuzugeben,
schwächt nur.**

**Doch wie ihr darüber denkt –
"pleite zu sein ist schlecht",**

**"das ist ja entsetzlich",
"ich bin ein schlechter Mensch,
weil gute Menschen,
die hart arbeiten und sich wirklich
bemühen, nie pleite sind" usw.-,
das bestimmt,
wie ihr das "Pleitesein" erfahrt.**

Eines ist jedoch immer wichtig: Sie müssen ihre Arbeit lieben!

„Thank God it's Friday" war mal ein sehr schöner Film und ein Song glaube ich auch — aber ich denke, es ist unmöglich, das Leben mit dieser Einstellung zu genießen.

Wenn Sie Ihre Arbeit nicht lieben und ungeliebt ausüben, werden Sie jeden Monat immer unzufriedener und unzufriedener sein. Die Arbeit sollte ein Ventil für Ihre Kreativität und Liebe sein, wenn nicht, ändern Sie sie! **Stellen Sie an sich und das Leben den Anspruch, erfüllend zu sein!** Sie müssen die Zeit auf diesem Planeten nicht auf der Strafbank absitzen, sondern dürfen gern Genuss daraus ziehen!

Die meisten Menschen verbringen sehr viel Lebenszeit mit Arbeit, um sich Ihr Leben zu finanzieren. Um ein Dach über dem Kopf zu haben, zu Essen, Möbel, Ausbildung, Urlaub, Kinder, Freizeit ... Es kommt eine Menge zusammen, das auch eine Menge Geld verschlingt.

Wenn Sie sich auf der einen Seite das Leben aber angenehm gestalten wollen, sollten Sie auch einen angenehmen Job haben, sonst stimmt die Waage eines Tages nicht!

Wenn Sie einer ungeliebten Arbeit nachgehen, belasten Sie nicht nur die Beziehung, sondern noch viel mehr sich selbst.

Wenn das bei Ihnen so ist, machen Sie sich Gedanken darüber, wie Sie etwas verändern können!

> **Geld mag die Schale für vieles sein,**
> **aber nicht der Kern.**
> **Es verschafft dir Essen, aber nicht Appetit,**
> **Medizin, aber nicht Gesundheit,**
> **Möglichkeiten zum Kennenlernen,**
> **aber nicht Freunde,**
> **Diener, aber nicht Treue,**
> **Tage der Freude,**
> **aber nicht Frieden noch Glück.**
> Henrik Johan Ibsen, norwegischer Dichter

Kleine Kinder und das große Geld ...

**Glücklich zu sein, ist das einzig Gute.
Der Ort, um glücklich zu sein, ist hier.
Die Zeit, um glücklich zu sein, ist jetzt.
Die Art und Weise, um glücklich zu sein, ist, anderen dabei zu helfen, es zu sein.**
aus: Napoleon Hills "Goldene Regeln"

Erwachsene Individuen übernehmen die Aufgabe, sich um die Kleinen, die Kinder zu kümmern. Das ist uns mit den Genen mitgegeben. Erst am Ende unseres Lebens kehrt sich das um, dass sich die Kinder um die Alten und Älteren kümmern. Was Erwachsene von kleinen Kindern unterscheidet, ist nicht nur die Körpergröße, sondern auch die Fähigkeit, für sich selbst zu sorgen.

Kinder haben noch gar kein Gefühl für Geld. Sie können noch nicht ermessen, was ein Spielzeugauto oder ein Rennfahrrad im Vergleich zum Einkommen kosten. Das lernen wir erst im Laufe unseres Lebens. Und es ist die Aufgabe der Eltern, die Entwicklung der Kinder auch in finanziellen Belangen zu unterstützen. Es ist nicht ihre Aufgabe, die finanziellen Muster der nächsten Generation aufzudrücken.

Ziel der finanziellen Erziehung sollte es sein, Kinder zu

unterstützen, zu gesunden, glücklichen, freien und wohlhabenden Erwachsenen heranzureifen.

Oft ist es jedoch so, dass Eltern übernommene Verhaltensstrukturen übernehmen, anstatt ihre Kinder zu Kreativität und vor allem zu Selbstachtung zu motivieren. Leider! Wir sollten diese Muster durchbrechen lernen, damit unsere Gesellschaft von der Egomanie zur Kreativität gelangt! Dabei sind meines Erachtens Taten entscheidender als Worte. Elterliche Liebe und Fürsorge sind weitaus wichtiger als alle Dinge, die man mit Geld kaufen kann.

Von meinem Vater habe ich gelernt, dass ich einen Beruf lernen sollte, den ich gar nicht lernen wollte. Und er begründete es mit: „Ich will doch nur dein Bestes."

Mein Bestes wäre ein kreativer Job gewesen, denn Kaufmann wollte ich ganz sicher nicht lernen. Meine innere Verweigerung zum „Kauffrau-Sein" war über Jahre so dermaßen groß, dass ich mir enorme Schwierigkeiten einhandelte. Angefangen von Ärger mit Lehrchefs bis hin zu finanziellen Fehlentscheidungen, die zu mehreren finanziellen Desastern führten.

Ich sehe die Aufgabe von Eltern nicht darin, sich selbst oder den Kindern Dinge vorzuenthalten, nur damit die Kinder das erhalten, was die Eltern sich wünschten. Das ist explosives Material für einen Familienkrieg!

Wenn jeder aber seinen Wünschen entsprechend für sich und andere Familienmitglieder etwas Gutes tun kann, ist die Basis für eine harmonische Familie gelegt. Wenn wir dieses Verhalten ändern, wird unseren Kindern vor Augen geführt, was es wirklich heißt, erwachsen zu sein. Denn es heißt ganz sicher nicht Aufopferung. Die Frage wäre hier nämlich, ob Ihre Kinder in diesem Fall überhaupt erwachsen werden wollen. Wahrscheinlich bitten sie noch um Geld, wenn sie längst ein eigenes Einkommen haben, das wahrscheinlich niemals zum Leben reicht.

Machen Sie es anders. Lassen Sie Ihre Kinder schon frühzeitig selbst experimentieren. Lesen Sie doch noch einmal Tom Sawyer nach, wie er lernte die ungeliebte Tätigkeit des Zaunstreichens abzugeben und dafür etwas zu bekommen! Der Einfachheit halber, ist es das nächste Kapitel, denn diese Geschichte ist so genial, dass man sie sich ruhiger öfter zu Gemüte führen kann.

Geben Sie ihnen im kleinen Rahmen die Möglichkeit, aus ihren Übungen mit Geld etwas über das Ausgeben und Sparen zu lernen. Vielleicht werden Sie erstaunt sein, wie intuitiv Kinder an dieses Thema herangehen. Wer weiß, vielleicht bringen die Kleinen Ihnen ja noch den unbeschwerten Umgang mit Geld bei …

Viele Menschen, die ihr Leben in vielerlei Hinsicht gut im Griff haben, bleiben arm, weil es ihnen an Dankbarkeit mangelt.
Wallace D. Wattles

Tom Sawyer streicht den Zaun

Oder: Warum Tom ein Geldvermehrungs-Genie war ...

Samstagmorgen - die sommerliche Natur strahlt und Tom hatte ein fröhliches Lied auf den Lippen. Tante Polli hatte ihn dazu verdonnert, den Zaun zu streichen. Tom ging mit weißer Farbe und einem Pinsel am Zaun auf und ab. Beim Anblick des Gartenzauns war plötzlich alle Fröhlichkeit verschwunden. Seufzend strich er lustlos über die Latten. Entmutigt von der Länge des Zauns betrachtete er die schier endlos lange Fläche ...

Singend kam sein Kumpel Jim daher, der einen Blecheimer in der Hand hatte. Tom hasste das Wasserholen eigentlich, doch heute hätte er lieber Wasser geholt als den Zaun zu streichen, denn an der Pumpe war es immer lustig.

Tom wollte für Jim das Wasser holen, wenn dieser solange den Zaun streicht. Doch Jim verneinte. Erst als Tom ihn mit einer Murmel lockt, willigte er beinahe ein. Tom ärgerte sich, denn er hatte viele Pläne für diesen Samstag gehabt, und bald würden die anderen Jungen ihn stattdessen arbeiten sehen. Er hatte schon ihr höhnisches Gelächter im Ohr.

Plötzlich hatte er eine fabelhafte Idee! So strich er seelenruhig den Zaun, als kurz darauf Ben Rogers erschien, vor dessen Spott er sich am meisten fürchtete. Ben aß einen Apfel und machte einen Mississippi-Dampfer nach. Tom strich den Zaun und tat so, als würde er das Spiel nicht bemerken.

Ben hänselte ihn, aber Tom gab keine Antwort. Stattdessen betrachtete er sein Werk, als wäre es das größte Kunstwerk aller Zeiten und vertiefte sich scheinbar wieder in sein Werk. Ben versuchte es noch einmal und fast erschrocken blickte Tom auf und gab an, ihn fast nicht bemerkt zu haben.

Ben hänselte Tom wieder, ob er nicht mit Schwimmen wollte, aber Tom stieg darauf gar nicht ein und behauptete, er würde die Sache aus Spaß machen. Das wollte Ben ihm zunächst nicht abkaufen, aber Tom blieb bei seinem Schauspiel. So selten hätte man die Chance, einen ganzen Zaun alleine anstreichen zu dürfen, behauptete er dreist. Und schon sah die Sache ganz anders aus.

Tom malte elegant weiter, verbesserte hier und da eine Kleinigkeit, und Ben ließ ihn nicht aus den Augen. Die Sache wurde immer interessanter für ihn und schließlich fragte er, ob er auch einmal streichen dürfte. Aber Tom verneinte unter Hinweis auf seine Tante, die es sauber und ordentlich haben wollte.

Ben quengelte, dass er auch einmal streichen dürfte, aber Tom zierte sich. Erst als Ben ihm den Apfel dafür anbot, gab Tom ihm widerstrebend den Pinsel. Innerlich aber frohlockte er, ließ sich aber nichts anmerken. Der alte Dampfschiffer Ben arbeitete dann hart in der Mittagssonne, während Tom im Schatten genüsslich den Apfel aß.

Im Laufe des Nachmittags kamen noch weitere Jungs vorbei, die Tom erst spotteten, um dann allerdings selbst zu streichen. Am frühen Abend war Tom steinreich. Er hatte Schätze wie eine tote Ratte, zwölf Murmeln, eine blaue Glasscherbe und vieles andere.

Aber das Wichtigste war: Die ganze Zeit über hatte er gemütlich im Schatten gesessen und sich köstlich amüsiert. Eine dreifache Farbschicht zierte den Zaun. Wäre die Farbe nicht ausgegangen, wäre Tom wahrscheinlich noch vermögender geworden.

Tom Sawyer hatte entdeckt, dass man, wenn man eine Sache als unerreichbar hinstellt, andere dazu bringt, sie haben bzw. tun zu wollen.

Eine Arbeit ist eben nur dann lästig, wenn man sie tun muss. Macht man sie freiwillig oder muss man etwas dafür bezahlen — dann macht sie plötzlich Spaß.

So funktioniert auch die Werbung ... – und so macht man (viel) Geld!

**Wer der Meinung ist,
dass man für Geld alles haben kann,
gerät leicht in den Verdacht,
dass er für Geld alles zu tun bereit ist.**
Benjamin Franklin

I wie investieren

Verzweifle nicht, wenn du kein Profi bist ... Ein Amateur hat die Arche gebaut, Profis die Titanic.
Karlheinz Henk

Investieren bedeutet, erspartes Kapital so auszugeben bzw. anzulegen, dass Sie **höhere Renditen** zu erzielen und so Gewinne erzielen, die Sie wiederum zur Gewinnmaximierung einsetzen können.

Im Folgenden werde ich Ihnen mehrere Investitionsmöglichkeiten vorstellen, die zum Erfolg führen. Es bedarf heute nur kleiner Summen, um ein erfolgreicher Kapitalanleger zu werden und damit Geld zu verdienen oder das Startkapital für ein erfolgreiches Unternehmen anzusparen.

Geld folgt den Befehlen Ihrer Gedanken und Einstellungen und dies gilt für alle finanziellen Aktivitäten. Es gilt also für den Job, das eigene Unternehmen und natürlich genauso für den Börsenmarkt und auch das Spielcasino.

Der Grundgedanke für das Investieren ist:
Alle meine finanziellen Transaktionen bringen mir Gewinne ein.

Sie sind in der Lage, Ihre Investitionen profitabel zu machen – informieren Sie sich also und schalten Sie beim Investieren ihre Sorgen aus. Benutzen Sie lieber Ihre positive Imaginationsfähigkeit um finanzielle Anlagemöglichkeiten ausfindig zu machen, die Ihnen helfen, ein passives Einkommen aufzubauen.

Lernen Sie Ihre Verlustängste zu akzeptieren und diese zu Ihrem Vorteil zu nutzen. Es ist besser, eine offenbar gute Investition aufgrund ihrer Verlustängste bleiben zu lassen, als eine schlechte aus Habgierig zu tätigen.

Und noch eines: Investieren Sie ausschließlich in Dinge, die Sie und andere mögen.

Wenn Sie früher schon erfolglos investiert haben, ist es wichtig, sich oder andere Leute oder Kräfte für die entstandenen Verluste verantwortlich zu machen. Solange Sie andere dafür verantwortlich machen, ist es nicht möglich, ein erfolgreicher Investor zu werden.

Sich über Investitionen Sorgen zu machen, steigert den Erfolg ebenfalls nicht. Es bringt Ihnen vielleicht Kopfschmerzen oder Magengeschwüre ein. Aber sicher keine hohe Rendite.

Die Wirtschaftswelt bietet heutzutage sehr, sehr viele Investitionsmöglichkeiten an. Es ist allerdings nicht notwendig, auch alle zu beherrschen:

- Ihr eigenes Unternehmen.
- Immobilien, nämlich Ihr eigenes Häuschen, vermietete Renditeobjekte, Immobilienfonds usw.

- Wertpapiere, Aktien, Fonds.
- Persönlicher Besitz, Kunstobjekte, Münzen, Oldtimer usw.

Es gibt noch viele weitere Möglichkeiten mit unterschiedlichen Risikoprofilen und Liquiditätsgraden.

Der Rohstoff dafür ist Geld, daher ist es wichtig, dass hierfür zur Verfügung stehende Kapital erfolgreich zu managen. Sie sollten dabei stets zwei Dinge beachten:

- Behalten Sie immer eine Reserve.
- Gewinne sollten Sie zu einem Teil in Ihre finanzielle Unabhängigkeit investieren. Einen anderen Teil investieren Sie in sich selbst.

Fangen Sie mit einem Onlinekonto an, wenn Sie sich unsicher beim Investieren sind und diese Methode der Geldvermehrung gern erlernen möchten. Dann tasten Sie sich langsam empor. Wenn Sie bereits auf Erfahrungen mit dem Investieren zurückblicken können, fangen Sie mit kleinen Summen an, die Sie dann langsam steigern.

Auch die Teilnahme an einigen Cashflow-Abenden kann am Anfang sehr hilfreich sein, um im Spiel das Investieren zu lernen und den eigenen Geldmustern auf den Grund zu gehen.

Geld ist wie Sprache – ein Instrument der Kommunikation.

**Geld und Sprache wurden spontan erfunden, wo Menschen etwas austauschen wollten
– Gedanken einerseits, Eigentumsrechte oder Forderungen andererseits.**

Wie am Sinn der Worte und Sätze in der Sprache darf sich auch am Wert des Geldes nicht schnell viel ändern, soll die Kommunikation nicht unter Missverständnissen leiden.

Herbert Giersch, dt. Nationalökonom

Das eigene Unternehmen ins Laufen bringen

**Die Dinge sind dazu da,
dass man sie benutzt,
das Leben zu gewinnen,
und nicht,
dass man das Leben benutzt,
um die Dinge zu gewinnen.**
Laotse

Es ist heute nicht mehr notwendig eine sechsstellige Summe auf der Bank zu haben, um ein eigenes, erfolgreiches Unternehmen zu gründen. Aber: Ein eigenes Geschäft bringt Herausforderungen mit sich, die Sie in einem Angestelltenverhältnis definitiv nicht haben.

Als Unternehmer/in müssen Sie ein Erfolgsbewusstsein entwickeln, um zu bestehen und Geld zu verdienen. Haben Sie dies entwickelt, kann man das auf Investitionen übertragen. Die Begeisterung für das eigene Tun und den Dienst an und für andere wird Sie unabhängig und erfolgreich machen.

Ein Job ist sicher für viele etwas ganz phantastisches. Sie können Sie im sicheren Angestelltenverhältnis viele gute Fertigkeiten und Kenntnisse anzueignen, die Sie später als angehender Unternehmer gut gebrauchen können. Die

Wirtschaft wird aber nicht von Angestellten mit Sicherheitsdenken groß gemacht. Dazu braucht man Unternehmertypen, die bereits sind, Initiative zu entwickeln und Verantwortung zu übernehmen.

Genießen Sie Ihre Träume, solange Sie angestellt sind. Planen Sie Ihre Selbständigkeit präzise und setzen Sie sich mit Ihren Ängsten auseinander, die vielleicht auftreten, wenn Sie an Kündigung denken. Wenn Sie sich darauf verlassen, dass die Angst von allein verschwindet, warten Sie mit Sicherheit ewig.

Bei Angestellten wird die Zeit, die Sie aufwenden, mit einem bestimmten Stundenlohn bezahlt. Ihr Arbeitgeber hat die Herausforderung, dass er von Ihnen bekommt, wofür er Sie bezahlt. Als Selbständiger oder Unternehmer werden Sie für Ihre Dienste bezahlt, und Sie müssen sich disziplinieren, um Ihre Arbeit angemessen zu erledigen.

In Ihrem eigenen Unternehmen wird Ihr Einkommen von der Qualität und der Quantität Ihrer Leistungen bestimmt. Selbständigkeit erfordert auch die Fähigkeit, zwischen Einsatz und den Resultaten aus Aktivitäten zu unterscheiden.

Mit einem festen Job haben Sie aber auch eine Grenze auf Ihre Einkommenshöhe gelegt. Finanzielle Sicherheit ist eine Illusion und spukt noch immer in den meisten Köpfen herum. Wird diese Illusion zerstört, kann dies eine schmerzvolle und schlimme Erfahrung für diejenigen sein, denen wegen Geschäftsübernahme, Firmenschließung oder Insolvenz gekündigt wurde.

Mit dem eigenen Unternehmen hängt Ihre finanzielle

Sicherheit nicht von anderen ab, sondern nur von Ihnen selbst. Sie sind tagtäglich der Schöpfer Ihrer finanziellen Situation. Und diese beruht unter anderem auf Ihrer Fähigkeit, Kunden anzuziehen und Ihrer Bereitschaft, diesen dann auch zu dienen.

Kurz: Ein eigenes Unternehmen erfordert Selbstdisziplin und Selbstvertrauen, Mut und natürlich auch Tatkraft.

Ein Selbständiger begegnet einer Vielfalt an Herausforderungen und emotionalen Konflikten, die ein Angestellter nie erleben wird. Verlustängste sind normalerweise größer, da ein Selbständiger für Fehlentscheidungen mit seinem eigenen Geld und Unternehmen bezahlt. Das Fehlen einer festen Anstellung kann am Beginn einer Selbständigkeit unterdrückte Überlebensängste zu Tage fördern – Sie sollten also darauf vorbereitet sein.

Die Angst vor einem Misserfolg ist bei Selbständigen größer, da jeder neue Kunde seinen guten Ruf festigt und potentielle Neukunden bringt. Auch die Angst vor Zurückweisung wenn ein Auftrag nicht zustande kommt, kann eine Herausforderung für Selbständige sein. Ein eigenes Geschäft erfordert daher, emotionale Konflikte lösen und bewältigen zu können.

Daher: Formulieren Sie Ihre Ziele!

In einem Job werden Ziele und Pläne für Sie definiert. Mit dem eigenen Unternehmen ist es Ihre Sache, Ihre Ziele und Pläne zu formulieren. Nichts kann Sie davon abhalten, ein Ziel festzulegen und anzustreben. Ein eigenes Geschäft erfordert aber auch ein sehr klares Gespür für die richtige Richtung! Wenn Sie das nicht ganz klar haben, lassen Sie sich helfen oder beraten, bis Sie die richtige Richtung eingeschlagen haben!

Ein sehr wichtiges Kriterium ist die **Zeitplanung**. Als Arbeitnehmer gehen Sie zur Arbeit, tun, was getan werden muss, gehen wieder Heim und machen am nächsten Tag weiter.

Im eigenen Geschäft bleibt die Planung Ihnen überlassen. Normalerweise muss ein Selbständiger in der Lage sein, weiter in die Zukunft zu denken und detaillierter zu planen. Ein eigenes Geschäft erfordert daher klares, zielgerichtetes Denken.

Als Angestellter machen Sie sich auch keine Gedanken um Mitarbeiter. Bestenfalls um Ihre Kollegen. Selbständige sich da etwas anders. Sie sind gewöhnlich unabhängige und selbstbewusste Menschen.

Das hat Vorteile, kann aber auch einen Nachteil haben, denn dieser Charakterzug geht oft einher mit Überzeugungen wie: „Ich kann / muss alles allein machen." Das ist okay. Es wäre allerdings unklug zu glauben, dass Sie dies ständig unter Beweis stellen müssen.

Wenn Sie das Glaubensmuster haben, alles selbst oder – noch schlimmer – alles allein machen zu müssen, dann werden Sie früher oder später ernsthafte Schwierigkeiten damit haben, mit Ihrem Unternehmen zu expandieren.

Zu Beginn Ihres Unternehmens brauchen Sie wahrscheinlich keinen Vollzeitmitarbeiter. Ganz abgesehen davon, dass Sie sich diesen noch gar nicht leisten können. Wenn Sie jedoch zu lange warten, bis Sie jemanden einzustellen, wird Ihnen die Arbeit wahrscheinlich bereits über den Kopf gewachsen sein.

Wenn Sie in Ihrem Geschäft 50 € / Stunde erwirtschaften, und Ihre Buchhalterin bekommt für ihre Dienste das gleiche, können Sie sich diese nur gelegentlich erlauben. Sie sorgt für die reibungslose Abwicklung der Buchhaltung und benötigt dafür wahrscheinlich weniger Zeit als Sie. Sie sparen also Zeit. Diese können Sie in Ihrem Geschäft einsetzen und wiederum 50 € / Stunde verdienen.

Wenn Ihr Geschäft schließlich größer wird, sollten Sie lernen, gewissen Aufgaben zu **delegieren** und sich Aushilfen, **Teilzeitangestellte** oder zunächst einmal Kooperationspartner (Subunternehmer) zu suchen, um Gewinne zu maximieren.

Apropos Buchführung: Als Arbeitnehmer bekommen Sie von Ihrem Arbeitgeber eine Gehaltsabrechnung und müssen sich nicht darum kümmern. Als Selbständiger müssen Sie korrekt Buch führen. Oder jemanden anzustellen, der es für Sie macht.

Buchführung macht nicht nur das Finanzamt glücklich, sondern informiert Sie über Gewinne und Verluste Ihres Unternehmens. Den Saldo – die Differenz – können Sie benutzen, um Ihr Geschäft intelligent zu managen, Reserven zu schaffen oder intelligente Investitionen zu tätigen.

In Ihrem eigenen Unternehmen gibt es niemanden, der Ihnen etwas zu sagen hat. Sie müssen allein tun. Tun wollen. Das ist vielleicht gar nicht so einfach, denn wir alle sind von Autoritätspersonen erzogen worden, die uns mit Verhaltensmaßregeln vollgestopft haben. Als Selbständiger müssen Sie sich auf sich selbst verlassen können und ihre eigene Autoritätsfigur werden.

In einer nichtselbständigen Tätigkeit, also einem Angestelltenverhältnis, sind Arbeitszeiten und natürlich auch die -methoden und Tausend andere Dinge für Sie vorgegeben. Im eigenen Geschäft bestimmen Sie selbst. Und wenn Sie Erfolg haben, gehören Ihnen auch die Lorbeeren allein.

Auf der anderen Seite gibt aber auch niemanden, den Sie für eventuelle Misserfolge oder Verluste verantwortlich machen können. Sie übernehmen die Verantwortung – nur Sie.

Geld macht schön.
Madonna, Popsängerin

Sie sollten Verkaufen lernen

**Wer sich zu wichtig
für kleine Aufgaben hält,
ist meist zu klein
für wichtige Aufgaben.**
Jacques Tati

Wenn Sie sich um einen Arbeitsplatz bewerben, verkaufen Sie Ihrem zukünftigen Arbeitgeber Ihre Fähigkeiten. Sie tun immer weiter – Tag für Tag, solange sie dort arbeiten.

Als Existenzgründer oder Selbständiger können Sie nicht erwarten, dass das Anbringen eines Türschildes gleich einen riesigen Ansturm an Kunden mit sich bringt. Sie müssen die Initiative ergreifen. Sie müssen die Leute finden, die das gebrauchen können, was Sie anzubieten haben. Sie müssen potentielle Kunden davon überzeugen, dass Ihr Produkt oder Ihre Dienstleistung Vorteil für den Verbraucher mit sich bringt. Sonst kauft keiner – und Sie machen keinen Umsatz.

Ich glaube, dass die Herausforderung des Verkaufens mehr Menschen von einer Existenzgründung abhält als irgendeine andere Angst. Als Selbständiger müssen Sie Umsatz machen und sich quasi selbst bezahlen. Daher ist es vorteilhaft, ein separates Geschäftskonto zu führen. Das Geld auf diesem Konto wird ausschließlich für Geschäftsvorgänge verwendet. So können Sie Ihren Geschäftserfolg eigentlich direkt von Ihrem Kontostand ablesen. Daher ist es auch wichtig, dass Sie sich selbst einen Lohn zahlen, den Sie aus Ihren Gewinnen entnehmen.

Und um Gewinne zu erzielen, müssen Sie in die Gänge kommen. Unentgeltliche kleine Dienste für Menschen werden Ihnen schnell Kunden bringen. Wenn Sie ein Dienstleistungsgeschäft eröffnen, erweisen Sie Freunden und Bekannten kleine Dienste, bitten Sie um Empfehlungen, wenn diese zufrieden waren.

Wenn Sie es richtig machen, werden Sie bald mehr Kunden oder Klienten haben, als Sie verarbeiten können. Wenn Sie auf diese Weise in Gang kommen, kann es auch sein, dass Menschen Ihnen förmlich Ihr Geld aufzwingen wollen, weil Sie nichts schuldig bleiben wollen.

Sie müssen lieben was sie tun. Nur dann können Sie es auch mal kostenlos machen, weil sie es sowieso machen. Wenn Sie Ihr Geschäft nicht lieben, sollten Sie vielleicht einmal überlegen, ob Sie sich tatsächlich in die richtige Richtung bewegen ... Wenn Sie sich einen umfangreichen Kundenstamm geschaffen haben, kann es immer noch sehr nützlich sein, weiterhin gewisse Dienstleistungen gratis zu bieten.

Am Anfang meines Marketingbüros habe ich mir aus meiner Zielgruppe mehrere große und bekannte Firmen heraus gepickt und kostenlose Blogs und Facebook-Seiten erstellt, die natürlich meine Werbung enthielten. Das war eine der besten Ideen, die ich je hatte, denn es war kostenlose Werbung bei Multiplyern (Vervielfältigern), die mir weitere Kunden brachten.

Wichtig ist auch ein Zeitplan. Sie sollten Zeiten haben, in denen Sie arbeiten und auch planen können, wie viel Zeit Sie für jeden Kunden aufbringen wollen oder müssen. Auf diese Weise stellen Sie sicher, dass Sie ausschließlich Ihrem Plan folgen und keinem anderen.

Haben Sie in ihrer festgelegten Arbeitszeit keinen Kunden, füllen Sie diese Zeiten mit Werbung in eigener Sache, Recherche oder dem Nachdenken darüber, wie Sie zu neuen Kunden kommen können.

Wenn Sie ein bisschen was von Mentaltraining halten, könnten Sie sich Ihr Unternehmen als eine Art immer aktive Geldmaschine vorstellen. Auf diese Weise bauen Sie Ihr Reichtumsbewusstsein auf. Das Bewusstsein dafür, dass Sie reich werden können, ist der unabdingbare Schlüssel dafür, dass Ihr Unternehmen in diese Richtung läuft.

Die Höhe Ihres Einkommens hängt wesentlich von Ihrer Fähigkeit zu Verkaufen ab. So ist das nun einmal. Im Geschäftsleben ist jede Transaktion ein Tausch von Gütern und / oder Dienstleistungen. Dabei glaubt jeder der Beteiligten, mehr zu bekommen als zu geben. Würde dieses Gefühl nicht herrschen, würde es keine weiteren Aktionen oder Transaktion geben. Das ist Verkaufen.

Ohne Verkauf keine Transaktion. Ohne Transaktion kein Umsatz. Ohne Umsatz kein Gewinn, also kein Einkommen. Das müssen Sie also lernen. Dafür gibt es gute Seminare, auf denen man eine Menge lernen kann. Auch eine Menge unnützes. Denn eigentlich müssen Sie nur von Ihren

Produkten oder Dienstleistungen überzeugt sein. Und Sie müssen wissen, wer es braucht. Dann gehen Sie los und üben Sie.

Hier kommen ein paar sehr weit verbreitete Gedanken zum Verkaufen, die Sie sich vielleicht einmal genauer überlegen sollten.

Verkaufen führt zu Nichts.

Ihr Einkommen resultiert aus getätigten Verkäufen. Wenn Sie das Verkaufen gelernt haben, haben Sie Einkommen. Wenn Sie das verstanden haben, können Sie überall auf der Welt Geld verdienen.

Die Menschen verkaufen doch nur um Geld zu bekommen.

Diese Menschen gibt es bestimmt. Aber die, die mit Ihren Produkten oder Dienstleistungen Erfolg haben, sind nicht durch Geld, sondern durch Spaß an der Sache und Dienen motiviert.

Verkäufer sind nicht ehrlich.

Auch das soll es geben – schauen Sie doch mal in die Zeitung ... Das heißt aber nicht, das jeder so ist.

Geld ist nicht so wichtig. Ich behalte lieber meine Freunde.

Entweder mag man Sie oder nicht. Das hängt nur zum Teil von Ihnen ab. Sie können manipulieren, damit man Sie mag, aber wenn Sie sich anstrengen müssen, lohnt es sich nicht. Dann können Sie auch Geld machen. ...

Verkaufen kann jeder lernen. Jeder Selbständige oder Freiberufler sollte es lernen, damit die Umsätze stimmen. Üben Sie ein bisschen das Verkaufen. Das ist leichter, wenn Sie mit billigen Produkten anfangen, die die meisten von uns haben. Dinge, die nur wenige Cent oder Euro kosten, sind extrem leicht und schnell verkauft, weil kaum jemand über diese Kleinbeträge nachdenkt.

Bei größeren Summen wird bei Otto-Normalverbraucher auch die Bedenkzeit größer ... Vielleicht ist das ein Grund, warum Schnell-Restaurants und 1-Euro-Läden wie Pilze aus dem Boden schießen.

Wenn Sie wirklich etwas interessiert, finden Sie auch Ihre Idee. Und heute ist es extrem leicht, Waren zum Verkaufen zu finden. Online-Shops gibt's ohne große Kosten und vor allem ohne Programmierkenntnisse – das Internet macht heute viele Dinge wesentlich leichter als noch vor 15 oder 20 Jahren. Finden Sie etwas, dass leicht zu bekommen ist, zu Großhandelspreisen abgegeben wird und schnell weiter verkauft werden kann. Verkaufen Sie es, besorgen Sie sich neue Ware. Verkaufen Sie wieder. So kommen Sie – auch nebenberuflich – in Schwung!

Achten Sie auf die Großhandelspreise, also die Preise für Wiederverkäufer. Diese erhalten Sie vom Lieferanten, wenn Sie größere Mengen einkaufen. Früher sagte man

„im Dutzend billiger". Der Einzelhandelspreis – also das, was die Endverbraucher im Laden für den Artikel bezahlen – liegt natürlich höher.

Die Differenz ist Ihr Gewinne, ihre Gewinn- oder Handelsspanne, der Lohn für Ihre Verkaufsbemühungen. Vielleicht klingt das ungewöhnlich für Sie, aber so ist das System aufgebaut. Ohne dieses Rechenschema gäbe es keine Kaufhäuser, keine Onlineshops, keine Läden.

Für die meisten Menschen, die ich kenne, ist es erheblich schwieriger, ein selbst hergestelltes Produkt zu verkaufen. Als ich Ende der 90er Jahre meine ersten Bücher auf den Markt brachte ... - meine Herren, wie ich mich damals geziert habe den regulären Preis zu nehmen! Unglaublich!

Eigene Produkte zu verkaufen löst oft mehr Emotionen im Anbieter aus, das ist völlig natürlich. Außerdem ist es weitaus schwieriger, eine mögliche Zurückweisung hinzunehmen als für ein Produkt, an dem keine Emotionen hängen. Üben macht auch hier den Meister.

Fangen Sie an mit Produkten, die Ihnen selbst Spaß machen und die Sie selbst kaufen würden. Die Begeisterung für so ein Produkt springt schneller über und es fällt leichter, die besonderen Vorteile des Produktes herauszustellen. Sie müssen hier nichts erfinden, um es zu verkaufen. Sie wirken glaubwürdiger.

Am Anfang wird das Einkommen, das Sie aus den Verkäufen erzielen, sicher noch gering sein. Dennoch ist das Lernen erst mal ein wichtiger Faktor. Am Ende stellen Sie vielleicht fest, dass es genau so leicht ist, ein Produkt zu verkaufen, das viele Tausend Euro kostet. Es ist eine Frage der inneren Einstellung zum Produkt oder zur Dienstleistung.

**Geld ist nicht alles,
aber viel Geld ist schon etwas.**
George Bernard Shaw

Wie verkauft man denn nun?

Wer immer tut, was er schon kann, bleibt immer das, was er schon ist.
Henry Ford

Vielleicht klingt es ein wenig statisch, aber Verkaufen ist ein Prozess. Dieser Ablauf besteht aus dem allgemeinen Anfangskontakt, der Eingrenzung auf ein bestimmtes Produkt, der Vorstellung des Produktes und dann dem Verkaufsabschluss, wenn man sich handelseinig ist.

Für den Anfangskontakt ist eine klare Kommunikation nötig. Als Verkäufer müssen Sie die Aufmerksamkeit Ihrer Zuhörer bekommen. Das ist der erste Schritt – ob sie einer Person etwas verkaufen oder mehreren Tausend. Wenn diese verlieren, ist es nötig, sie wieder zu erlangen, sonst ist das Verkaufsgespräch wertlos. Aber nicht jeder Kunde will ihr Produkt oder die Dienstleitung, die Sie anzubieten haben.

Sie müssen herausfinden, was die Kunden brauchen, was sie wollen. Wovon erhofft der Kunde sich eine Erleichterung oder Verbesserung für sein Leben? Das ist die Eingrenzung, die sie vornehmen müssen. Wenn Sie Bescheid wissen, was der Kunde wirklich will, dann können Sie das auch auf ihn persönlich zugeschnitten anbieten.

Ist der Kunde unklar, zeigt kein Interesse oder keine Neugier ... - hören Sie auf zu reden. Verschwenden Sie keine Zeit mit nutzlosen Argumenten. Vielleicht ist es nicht ihr Kunde. Vielleicht hat er wirklich kein Geld, oder ...

Besonders klug ist es, Fragen zu stellen, auf die der Kunde klar antwortet. Sie grenzen so die Angebotspalette ein und können direkt reagieren.

„Mögen Sie gern Gemüse? ... Welches Gemüse essen Sie denn besonders gern? ... Das trifft sich gut, wir haben heute ... im Angebot!"

Bieten Sie dem Kunden dann das bestmögliche an, stellen Sie das Produkt ausführlich aber nicht zu ausführlich vor. Geben Sie dem Kunden etwas in die Hand, das Produkt vielleicht oder einen Flyer. Diese Möglichkeit haben Sie bei einem Onlineshop natürlich nicht. Daher muss das schriftliche Angebot im Shop alle wesentlichen Punkte des Produktes enthalten.

Den Handel schließen Sie ab, indem Sie den Kunden wissen lassen, was er tun muss, um zu erhalten bzw. zu bestellen. Dies könnte der schlimmste Augenblick im Verkaufsprozess für Sie sein. Hier geht's um Geld und (früher oder später) um ihre Existenz.

Wenn Sie nicht zum Verkaufsabschluss kommen, dann unterhalten Sie sich nur! Sie wollen aber zum Geschäfts- oder Vertragsabschluss kommen, der dem Kunden etwas zu bieten hat und Ihnen hilft, die nächste Miete zu bezahlen.

Wenn ihr Kunde den Kaufanweisungen nicht oder noch

nicht gefolgt ist, müssen Sie auf dessen Einwände noch reagieren. Bei Einwänden geht es oft um Zeit oder Geld.

Einwände hinsichtlich Zeit oder Geld haben meistens den Hintergrund, dass die Vorteile des Produktes noch nicht überwiegen. Wiederholen Sie also die entscheidenden Vorzüge Ihres Produktes bzw. der Dienstleistung noch einmal.

Ihr Kunde wird, wie jeder andere Mensch auch, seine Zeit und sein Geld für das einsetzen, was seinen Wertvorstellungen und Idealen am nächsten kommt und in ihm ein Gefühl des Wohlbehagens erzeugt. Daher stellen Sie am Anfang des Gesprächs die Fragen, denn dadurch erfahren Sie etwas über die Werte Ihres Kunden. Anschließend wissen Sie, welche Vorteile Sie während betonen sollten.

Der Auftrag eines Verkäufers besteht darin, dem potentiellen Kunden eine **Gelegenheit** zu bieten, die der Kunde prüft, um dann zuzustimmen oder auch abzulehnen. Der Verkäufer hilft dem Kunden dabei, diese **Entscheidung** für sich zu treffen. Normalerweise dauert das Verkaufsgespräch so lange, bis diese Entscheidung getroffen ist.

Es gibt ein paar sehr übliche Fehler von unerfahrenen Verkäufern. Einer davon ist, und dieser wird oft von Selbständigen gemacht, die gerade in Geldnöten sind, die Aufmerksamkeit zu sehr auf das Geld, das Sie bekommen werden, zu richten. Sie sollten stattdessen die Aufmerksamkeit die Vorteile lenken und beim Akt des Verkaufens verweilen. Drängen schafft Drang – nämlich den Drang des Kunden auf nimmer Wiedersehen zu verschwinden …

Auch Nervosität kann ein Hemmschuh sein. Nervosität

führt in der Regel zu einer Umkehrung der Verhältnisse: zu viel Reden und zu wenig Zuhören. Fragen zu stellen und Ihrem Kunden gut zuzuhören, sind hierfür – wie schon zuvor erwähnt – die Problemlöser.

Es gibt allerdings auch die „Ich weiß nicht recht"-Kunden. Das sind eigentlich die schwierigsten, denn dieser Kunde weiß womöglich noch nicht genug über das Produkt, um eine Entscheidung treffen zu können. Hier wird es schwierig etwas zu kaufen. Konkretisierung der Wünsche des Kunden könnte Abhilfe schaffen.

Viele Menschen sind der Meinung, dass Preisnachlässe helfen, einen Verkauf abzuschließen. Ich gestehe, ich war auch so und falle auch heute noch manchmal darauf herein. Wenn Sie nicht gerade dabei sind, einem Obdachlosen eine Luxusyacht zu verkaufen, halten Sie sich zurück und fragen Sie nach, ob die Unentschlossenheit am Preis liegt. Ist das wirklich so, kann man über den Preis reden. Aber erst dann!

Kümmern Sie sich lieber um ihre Angst vor Zurückweisung, mit der die meisten Verkäufer konfrontiert werden. Ein „Nein" ist nur ein Wort mit vier Buchstaben, das große Wirkungen auslösen kann. Manche werden rundheraus „nein" sagen, ganz gleich, wie Sie sich bemühen. Das bedeutet nicht, dass Sie ein Versager sind, oder dass etwas mit Ihnen nicht stimmt.

Nein heißt wahrscheinlich: Ich lehne ihr Angebot im Moment ab, aber ich bin offen für künftige Angebote. Ein Nein im Verkaufsgespräch hat mit Ihnen als Person in der Regel nichts zu tun!

Es ist unwahrscheinlich, dass jeder Kontakt, das kaufen wird, was Sie anzubieten haben. Üben Sie ein bisschen Gelassenheit, aber bieten Sie dennoch immer einen Abschluss an. Sagen Sie etwas wie: „Das Produkt kostet … Euro – darf ich es Ihnen einpacken?" Tun Sie das oder etwas Ähnliches nicht, hatten Sie sicher ein angenehmes Kaffeekränzchen.

Verkaufsanfänger veranlasst ihre Angst vor Zurückweisung dazu, zu leicht oder zu schnell aufzugeben. Sie werfen schon beim geringsten Widerstand die Flinte ins Korn. Ich halte nichts davon, Ihren Kunden weiter zu bearbeiten, wenn er bereits mehrmals nein gesagt hat. Das hasse ich selbst, denn genug ist nun mal genug. Es ist jedoch wichtig zu wissen, dass manche Leute gewohnheitsmäßig ablehnend reagieren. Vielleicht, weil Sie die Produkte nicht oder noch nicht kennen. Vielleicht kommt er ja wieder und kauft dann …

Sind Sie sich „zu gut" fürs Verkaufen? Wenn ja, ist diese Einstellung wahrscheinlich sehr kostspielig. Überlegen Sie bitte: Sie verkaufen die ganze Zeit. Dienste Ihrem Arbeitgeber, Ihren Freunden Ihre Ideen und Meinungen, ihrem Partner ihre Vorlieben …

Verkaufen ist eine Tätigkeit wie jede andere. Und jeder gute Verkäufer kann ein hohes Einkommen erzielen. Sie brauchen dafür generell weder eine Ausbildung noch Reichtum, um mit dem Verkaufen in eigener Sache anzufangen und damit erfolgreich zu sein.

Dass ich meinen Film gemacht habe,
hatte rein mineralogische Gründe
- ich brauchte Kies.

Otto Waalkes

In Sachwerte investieren

> Jeden Morgen,
> wenn die Sonne in Afrika aufgeht,
> weiß die Gazelle,
> dass sie schneller laufen muss
> als der schnellste Löwe,
> wenn sie den Tag überleben will.
>
> Jeden Morgen,
> wenn in Afrika die Sonne aufgeht,
> weiß der Löwe,
> dass er schneller laufen muss
> als die langsamste Gazelle,
> wenn er heute nicht verhungern will.
>
> Egal, ob du Gazelle bist oder Löwe:
> Wenn die Sonne aufgeht,
> musst du laufen.
>
> aus Afrika

Während meiner Ausbildung zur Fachwirtin für die Grundstücks- und Wohnungswirtschaft hatten wir einige interessante Lehrer. Einer davon war ein extrem erfolgreicher Immobilienmakler, dessen Namen ich inzwischen leider vergessen habe. Aber einige seiner Weisheitssprüche habe ich mir für immer gemerkt. Einer davon betrifft eher das Verdienen von Geld. Er sagte: *„Wenn ich meinen Freunden Rabatt geben kann, dann kann ich mir keine Freunde leisten."*

Ein anderer war: *„Wenn Sie mieten können, können Sie auch kaufen."* Er wollte damit sagen, dass Miete die schlechteste Investition ist, die man sich denken kann, denn Sie verschenken jeden Monat bares Geld. Sie „kaufen" sich einfach für die nächsten 30 Tage ein Dach über dem Kopf. Und wieder, und wieder …

Immobilien werden einigermaßen leicht finanziert, da Sachwerte bestehen bleiben und die finanzierende Bank gibt ihnen Darlehen aufgrund der guten Besicherung einer Immobilie. Damit erhalten Sie Eigentum, das Wert aufbaut anstatt monatlich Geld zu verbrennen. Für den Besitz einer Immobilie zahlen Sie Hypothekenzinsen, Tilgung und Steuern. Mit Zahlung der Tilgung bilden Sie eigentlich Kapital, da diese Zahlungen Ihre Gesamtverschuldung vermindern, die Immobilie bzw. ihr Wert aber bleibt.

Es ist meistens nicht besonders schwierig, den Kauf einer Immobilie zu finanzieren. Wenn die Bank eine Anzahlung (= Eigenkapital) haben möchte und Sie keine Rücklagen haben, dann benutzen Sie doch das Geld von jemandem, der daran interessiert ist, mehr Zinsen für sein Geld zu bekommen als auf der Bank.

Immobilien sind eine sehr einfache Anlagemöglichkeit,

denn sie werden eigentlich immer gebraucht und bestehen nur aus Erde, Holz und Steinen. Der Immobilienwert wird durch die Rendite, die es erwirtschaftet, bestimmt.

Verbessern Sie also die Nutzung(smöglichkeit) der Immobilien, steigern Sie Ihren Ertrag. Eine gewerbliche Nutzung ist in der Regel teurer als eine Wohnung, ein gut ausgebautes Penthouse teurer als eine Wohnung im Hinterhof.

Noch ein Tipp, wenn Sie Geld anlegen wollen …

Meine ureigenste Erfahrung: Vertrauen Sie **NICHT** allein Ihrem Bankberater! Wenn Sie Geld anlegen wollen, informieren Sie sich umfassend. Und zwar über Kosten UND Rendite. Nur die mögliche Rendite im Blick zu haben, könnte bedeuten, mit Scheuklappen durch das Bankgewerbe zu gehen.

Machen Sie es wie ältere Damen: Gehen Sie vorsichtig mit ihrem Geld um. Gehen Sie sparsam damit um. Überlegen Sie, ob sich kaufen lohnt oder nicht. Rechnen Sie nach, ob sich eine Investition für Sie lohnt!

Ältere Damen freuen sich über vermehrtes EINKOMMEN, also auch über Zinsen und Dividendenauszahlungen. Ältere Damen wissen, dass ein Sparbuch sichere (!) Zinsen bringt. Und daher nehmen Sie manchmal auch eher den Spatzen in der Hand, schauen sich aber nach guten Möglichkeiten um. Und im Zeitalter des Internet ist es heute kein Problem mehr, den Markt – oder einen kleinen Teil davon – relativ gut im Blick zu behalten. Jegliche Art von Magengeschwüren, die Sie dadurch bekommen, dass Sie Geld (zu) riskant anlegen, machen absolut keinen Sinn.

Wenn Sie Probleme mit dieser Denkweise haben, nehmen Sie doch einmal an einem Cashflow®-Clubabend teil, den es vielleicht auch schon in Ihrer Stadt gibt. Cashflow® ist ein Spiel um Geld, dass Ihnen ihre finanziellen Verhaltensmuster ziemlich schnell aufzeigen kann ... In einem späteren Kapitel werde ich darüber noch einiges berichten.

Den Geldfluss aktivieren

Geld ist sowohl unser gängiges Zahlungsmittel als auch ein Ausdruck des Prinzips von Geben und Nehmen. Reichtums-Bewusstsein ist unabhängig von Geld. Die älteste Formel für Reichtum lautet: Geben Sie, was Sie empfangen wollen. Spenden und schenken Sie aus Freude am Geben.

Hermetische Weisheit

S wie Sparen

**Wer aufhört zu werben,
um Geld zu sparen,
kann ebenso seine Uhr anhalten,
um Zeit zu sparen.**
Henry Ford

Als Kind wurde mir – und vielleicht ja auch Ihnen – beigebracht, dass ich sparen müsse, damit ich später in der Not Geld habe. Ich wurde im Glauben an den Mangel erzogen, denn meine Eltern gehörten noch der Kriegsgeneration an. Dadurch wurde Mangel überhaupt erst möglich, wenn wir an die Grundsätze von Gedanken denken.

Was heißt denn eigentlich sparen?

Sparen oder sparsam sein, bedeutet *nicht* das neueste Auto per Leasing zu kaufen. Oder den neuesten und größten Flachbildschirm. Sparen bedeutet nicht, etwas zu kaufen, was Sie eigentlich nicht brauchen. Sparen ist auch nicht, mal eben „zuzuschlagen", weil Sie in der Zeitungsanzeige einen 5-Euro-Gutschein bekommen haben.

Sparen heißt, überschüssiges Geld für einen bestimmten und definierten Zweck zurückzulegen. Meistens spart man, weil die Anschaffung aus laufenden Einnahmen derzeit nicht gekauft werden kann. Oft geht uns dafür aber der Blick verloren – Dispo und Kreditkarte machen es möglich.

Natürlich können Sie sich das Geld für die Anschaffung auch kurzfristig leihen. Das bedeutet allerdings, dass Sie den geliehenen Betrag zuzüglich Zinsen zurückzuzahlen müssen. Zumindest, wenn es ein „offizielles" Darlehen ist und nicht aus dem engsten Familienkreise kommt.

Sie müssen also entweder Geld für Zinsen aufwenden oder Zeit, um das zu bekommen, was Sie sich wünschen. Und es gibt einen wesentlichen Grund dafür, erst Geld anzusparen und sich dann erst die Wünsche nach und nach zu erfüllen: Sie sind freier und in jedem Fall unabhängiger.

Ratenzahlungsverpflichtungen können zudem ganz schön lästig werden, wenn Sie mal in einen Engpass geraten oder gar arbeitslos werden, denn Sie müssen oder sollten diese zuerst bedienen, um sich weiteren Ärger mit Inkassobüros und Rechtsanwälte und deren immensen Gebührenforderungen vom Hals zu halten.

Relativ frühzeitig sparen zu lernen, bedeutet für Sie zudem, künftig passives Einkommen zu haben, welches Ihnen noch mehr Freiraum ermöglicht. Frühzeitig Geld geschickt anlegen und dafür Renditen zu erwirtschaften, kann Ihnen ermöglichen, in Freiheit zu leben.

Das Geld hat noch keinen reich gemacht.
Lucius Annaeus Seneca

Das Ende der Geldsorgen

**Als ich jung war, glaubte ich,
Geld sei das Wichtigste im Leben.
Jetzt, wo ich alt bin,
weiß ich, dass es das Wichtigste ist.**
Oscar Wilde

Eines sollten Sie wissen: Die Beendigung der Geldsorgen bedeutet nicht das Ende aller Probleme. Wie hieß da noch so ein Spruch? ... *Immer, wenn endlich Gras über eine Sache gewachsen ist, kommt eine dumme Kuh und frisst es wieder auf.* ...

Ein Problem zu beheben, heißt nicht, für immer glücklich und Problemlos zu sein bzw. zu bleiben. Vielleicht kommt ja bald schon eine neue Herausforderung auf Sie zu ... Die Frage lautet eigentlich nur: Wollen Sie sich der Herausforderung stellen und etwas (z.B. ihre Gedanken und Einstellungen) ändern oder lieber nicht?

Ich beschreibe Ihnen in diesem Booklet auch nicht, wie Sie schnell reich werden. Ich möchte Sie aber dazu anregen, mal darüber nachzudenken, ob Sie es nicht mit einer klitzekleinen Richtungskorrektur schaffen, zufrieden(er) zu leben.

Ich finde es fantastisch, wenn Sie viel verdienen. Ich mag Leute, die sich einen gewissen Lebensstandard erlauben können oder die viel Geld auf der Bank haben. Aber eine Flasche Sekt für 10.000 Euro zu kaufen, wie es die Superreichen machen, wäre so oder so wahrscheinlich nicht mein Stil. Dafür liebe ich es, in meinem Gärtchen zu sitzen und mich gemütlich mit einer Freundin zu unterhalten.

Und was lieben Sie?

Wie möchten Sie leben?

Welchen Beruf möchten Sie am liebsten ausüben?

Ich möchte Sie ermutigen, das loszulassen, was nicht mehr zu Ihnen gehört. Alles, was Sie nicht mehr möchten, aber festhalten, ist möglicherweise ein Baustein ihrer Geldsorgen, ein Hemmschuh für Ihren Selbstausdruck.

Zu mir kam kürzlich eine junge Dame in die Existenzgründungsberatung. Sie hatte sich ein halbes Jahr zuvor als Wellness-Therapeutin selbständig gemacht und einen kleinen Laden angemietet. Sie tat viel, um zu Kunden zu kommen, aber es wollte einfach nicht nachhaltig funktionieren. Sie hatte selbstverständlich eine Ausbildung gemacht und wollte ihre Kenntnisse jetzt anwenden.

Ich ließ sie erzählen, was Sie alles unternommen hatte und wo Sie gern hin wollte. Aber ich merkte, sie war eigentlich nicht wirklich glücklich damit. Ihr Verstand hatte ihr einfach weisgemacht, dass man damit gutes Geld verdienen konnte.

So fragte ich sie, was sie selbst am glücklichsten machen würde. Und eine strahlende Frau erzählte mir davon, dass Sie es liebte, alten Menschen – sie kam ursprünglich aus der Altenpflege – Entspannung zu bringen, Ruhe und Frieden. Sie liebte es, alten Menschen ein Lächeln ins Gesicht zu zaubern.

„Und warum machen Sie das nicht?", fragte ich sie. „Warum gehen Sie nicht in die Altenheime und bieten dort Ihren Service an?"

Diese scheinbar harmlosen zwei Sätze hatten auf die junge Frau einen nachhaltigen Effekt. Sie überlegte eine Weile, schloss dann ihren Laden und nahm Kontakt mit Altenheimen auf. Ihr Service wurde gebraucht und schon bald war Sie als mobile Wellness-Spezialistin sehr gefragt und vor allem gebucht.

Denken Sie quer und tun Sie, was Sie am liebsten tun möchten. Bleiben Sie kreativ und vor allem: Handeln Sie! Nichts ist schlimmer, als jahre- oder jahrzehntelang passiv zu sein.

Ich kenne ein Ehepaar, beide Ende 40, die beide nur noch zusammen bleiben, weil die Kinder – alle drei über 20 – sie ja noch brauchen. Und weil zusammen ein Haus angeschafft wurde und bei einer Scheidung keiner mehr so exquisit leben würde. Die Ehe ist schon lange überlebt. Die Probleme werden jeden Monat größer, weil die Unzufriedenheit stetig steigt.

By the way: Finanziell unabhängig sein, ist nicht nur etwas für Männer. Auch uns Frauen steht es ungemein gut, gutes Geld für gute Dienste zu erhalten und das Leben zu führen, dass wir uns vorstellen. Die Zeiten, da wir hilflos waren und Männer zum Versorgen brauchten, sind endgültig vorbei. Und wenn Sie selbst Geld verdienen wollen, dann tun sie das! Sie können wählen.

Wobei es manchen Frauen ja auch gut steht, die zweite Geige zu spielen und dafür einen „Versorgungsausgleich" vom Mann zu erhalten.

Bereiten Sie Ihren Geldsorgen ein Ende, in dem Sie das V.I.S.A.-Prinzip anwenden. Fangen Sie an, sorgfältiger zu werden, sei es beim Verdienen, beim Investieren oder beim Sparen und Ausgeben.

**Dass man Liebe
nicht mit Geld kaufen kann,
glaubt man erst dann,
wenn man genug Geld hat.**
Jack Nicholson

Ein paar alternative Ideen zum Sparen

**Wer viel Geld hat,
ist reich.
Wer keine Krankheit hat,
ist glücklich.**
Chinesisches Sprichwort

- Lernen Sie, einfach zu leben. Wenn der regelmäßige Geldstrom größer wird, fangen Sie an sicher zu investieren. Erst dann, wenn die nicht mehr arbeiten müssten, um ein Auskommen zu haben, sollten Sie Sonderausgaben zulassen.
- Suchen Sie sich eine günstige Wohnung. Machen Sie Wuchermieten einfach nicht mit.
- Minimieren Sie die laufenden Kosten so gut es geht. Investieren Sie das gesparte Geld in etwas Lukratives.
- Gehen Sie weniger essen, kochen Sie sich selbst etwas. Gemeinsames Kochen mit Freunden macht sehr viel Spaß!
- Telefonieren Sie billig, wenn Sie telefonieren. Auch Strom kann günstiger sein.
- Wenn Sie etwas kaufen wollen, dann fragen Sie sich zunächst, ob Sie es wirklich brauchen. Wenn nein, lassen Sie es liegen.

- Statt einem Kinoabend könnten Sie einmal Ihre Freunde zum gemütlichen Abendessen mit anschließender DVD zu sich einladen.
- Minimieren Sie Kreditzahlungen. Nichts kostet mehr Geld als unnötige Zinsen. Am besten nehmen Sie erst gar keinen Kredit auf. Das spart am meisten.
- Seien Sie sparsam, aber nicht geizig. Gönnen Sie sich etwas, wenn Sie es unbedingt wollen, das hebt die Motivation, an anderer Stelle wieder Geld zu machen.
- Bauen Sie Ihr Gemüse selbst an.
- Gehen Sie mit Ihren Sachen liebevoll und pfleglich um, dann halten sie länger und Sie brauchen nicht so häufig etwas Neues.
- Vergleichen Sie Preise.
- Handeln Sie was das Zeug hält, wenn Sie sich etwas kaufen wollen. Tun Sie so, als seien Sie auf einem orientalischen Basar, wo ohne Handeln gar nichts läuft. Es lohnt sich!
- Es muss nicht immer neu sein. Auch second hand ist o.k..
- Gehen Sie doch mal auf den Flohmarkt ...

Die Liebe allein versteht das Geheimnis, andere zu beschenken und dabei selbst reich zu werden.
Clemens Brentano

A wie Ausgeben

Wer nach allen Seiten immer nur lächelt, bekommt nichts als Falten im Gesicht.
aus Saudi Arabien

A wie ausgeben oder wie „geben". Ausgeben ist eine tolle Sache. Es wird noch toller, wenn man darauf achtet, das Preise keine feste Größe sind, sondern meistens verhandelbar.

Ich gehe oft auf dem Flohmarkt einkaufen. Nicht weil ich es so dringend nötig habe, sondern weil ich die Atmosphäre des Feilschens und Verhandelns so liebe. Beim Feilschen legen der Verkäufer und ich am Ende gemeinsam den Preis fest – am Ende sind dann hoffentlich alle zufrieden.

So kommen keine Schuldgefühle auf, sondern Freude. So hat man nicht das Gefühl betrogen worden zu sein, sondern ein gutes Geschäft gemacht zu haben. Das führt dazu, dass man davon noch mehr haben oder machen möchte.

Hier ein paar gute Gedanken zum „geben":

- Je mehr ich den Reichtum anderer fördere, desto mehr werde ich gefördert.
- Meine Einnahmen übersteigen immer meine

Ausgaben.
- Ich nehme mehr ein als ich ausgebe.
- Jede Geldbewegung bringt mir Gewinn.

Sie sollten erst Geld besitzen, bevor Sie es ausgeben. Das ist eine Art „universelles Reichtumsgesetz". So bleibt ihr Geld „im Flow", sie bleiben bei der Bank im Plus und Ihnen wird gutes widerfahren. Rechnungen werden pünktlich bezahlt, es ist immer eine Reserve vorhanden. Kein Druck, keine Mahngebühren. Sollten Sie einmal leicht über dem Limit sein, kein Problem – die Bank wird eine fällige Lastschrift dennoch ausführen, weil Sie Vertrauen zu Ihnen hat.

Ausgaben werden übrigens erst dann zu ausgaben, wenn Sie auch direkt auf Ihrem Konto abgebucht sind oder werden. Solange das noch nicht geschehen ist, haben Sie zwar eine Vereinbarung zur Zahlung, aber Vereinbarungen kann man ja auch modifizieren. Und das ist dann wiederum Verhandlungsgeschick …

Geraten Sie zum Beispiel in einen vorübergehenden Engpass, kann es mal sehr angenehm sein, eine Zahlung hinaus zu zögern oder eine Ratenzahlungsvereinbarung mit dem Gläubiger abzuschließen.

Und ich bitte Sie zu beachten: Es hat sich für mich einmal ausgezahlt, diese rechtzeitig abzuschließen, statt stillschweigend einfach das Zahlungsziel zu „übersehen". Viele Gläubiger sind eher bereit, etwas auf eine Zahlung zu warten, statt Anwälte zu bemühen. Es gibt aber auch andere Fälle …

Noch etwas zum „Brauchen". Etwas zu brauchen, bedeutet, im Mangel zu sein. Im Mangel an Geld, Liebe, Aufmerksamkeit. Weiterhin gedanklich im Mangel bleiben zu wollen, heißt weiterhin zu brauchen. Dinge und Menschen reagieren aber nicht auf brauchen, sondern auf „mögen" oder lieben.

Wenn Sie brauchen, neigen Sie auch zum Festhalten. Und Dinge und Menschen mögen nicht gern festgehalten werden. Und mindestens andere Menschen lieben die Freiheit mindestens so sehr wie sie. Versuchen Sie also zu mögen und das Brauchen aufzugeben.

Abgesehen davon ist es mehr als unwahrscheinlich, dass Sie jemals mehr Geld erhalten, wenn Sie es brauchen. Sie sollten es als völlig normal ansehen, immer mehr zu haben, als Sie gerade brauchen – erst mit dieser Einstellung kommen Sie aus dem Mangeldenken heraus.

Noch ein Wort zu Verhandlungen: Preise sind ein wenig „Berechnung" (2 + 2 = 4) und ein wenig Willkür (Wir wollen 18,53 % Gewinn erzielen.). Daher sind alle Preise auch Verhandlungssache!

Eigentlich ist ausnahmslos alles in diesem Universum Verhandlungs- und Einstellungssache. Alles ist ein großer Marktplatz auf dem Waren feilgeboten werden. Passt es mir bei dem einen nicht, bekomme ich es beim anderen. Passt es für beide, nennt man das „Transaktion". Erst dann wird Ware gegen Geld getauscht.

Manche Menschen mögen genau diese Verhandlung aber nicht. Vielleicht aus Angst, an einem bestimmten Punkt einfach nicht mehr NEIN sagen zu können und damit etwas zu tun, was ihnen widerstrebt. Sie haben jederzeit das Recht nein zu sagen, ob Sie Ihre Ablehnung begründen oder nicht.

**Viele Menschen benutzen das Geld,
dass sie nicht haben,
für den Einkauf von Dingen,
die sie nicht brauchen,
um damit Leuten zu imponieren,
die sie nicht mögen.**
Walter Slezak

Brauchen wir Kredit?

Es genügt nicht zum Fluss zu kommen, mit dem Wunsch, Fische zu fangen. Man muss auch das Netz mitbringen.
aus China

In Deutschland geht ja auch der Unkenruf um – „Wer Geld mitbringt, bekommt noch welches dazu."

Ganz falsch ist das nicht, denn wer (Sicherheiten) hat, dem wird (noch mehr) gegeben. Und die einen machen es richtig und kaufen sich Wohnungen und Mehrfamilienhäuser, die monatlich Geld einbringen. Andere machen sich lukrativ selbständig und können den Kredit bald abbezahlen. Die anderen geben das Geld für viel zu teure Autos oder Möbel aus und brauchen bald den nächsten Kredit.

Die Banken bringen Ihnen durch Ihr Verhalten die V.I.S.A.-Prinzipien bei. Auch, wenn das gar nicht deren Absicht ist und sie als Verbraucher vielleicht so manche unliebsame Erfahrung machen müssen.

Wenn Sie sich von der Bank Geld leihen und später Schwierigkeiten mit der Rückzahlung des Darlehens haben, wird das Kreditinstitut vielleicht Ihren Kredit aufstocken (müssen). Nur so kann in manchen Situationen die **Zahlungssicherheit** gewährleistet werden. An so einem Punkt angelangt, kann die Bank es sich nämlich nicht mehr leisten, Sie untergehen zu lassen. Sonst ist das ganze Geld weg …

Auch ich habe viel mit Bankkrediten gearbeitet und bin heute froh, das meiste abbezahlt zu haben, denn es gibt kaum ein größeres Verlustgeschäft, als wenn Sie Kredite für Anschaffungen verwenden. Gewinnbringende Investitionen natürlich ausgenommen.

Wenn nicht nötig, sollten Sie keine Kredite in Anspruch nehmen. Die beste Möglichkeit ist, alles in bar oder mittels Lastschrift zu begleichen. Nehmen Sie auch keinen Dispo in Anspruch. Wenn kein Geld mehr auf dem Konto ist, können Sie sich eben nichts mehr kaufen, bis neues Geld eingetroffen ist.

Wollen Sie investieren, müssen Sie herausfinden, wie Sie mit dem geliehenen Geld, Profit erzielen können. Damit bezahlen Sie das Darlehen ab und haben noch etwas für sich selbst übrig.

Wenn Sie nicht unermesslich reich sind, meiden Sie Schecks und Kreditkarten. Wenn Sie diese schon mehr als einmal für unnötige Käufe zur Hand genommen haben, empfehle ich Ihnen, diese in kleine Stücke zu schneiden und keine neue zu beantragen, bis Sie reich genug sind.

Wenn Sie das managen, werden Sie wieder Herr der Lage und vor allem über ihre Finanzen sein, aus der Schuldenfalle heraus kommen und mächtig dazugelernt haben!

Es ist angenehm, Geld zu besitzen
und die Dinge zu kaufen,
die man mit Geld erwerben kann.

Es ist aber auch ratsam, gelegentlich zu überprüfen und sich zu vergewissern, dass man nicht die Dinge verloren hat, die man sich nicht
mit Geld beschaffen kann.

G.H. Lorimer

Wirtschaft und persönliche Budgets

**Alles, was man auf dieser Welt braucht,
ist Liebe und Lachen.
Mehr braucht man nicht.
Liebe in der einen Hand,
Lachen in der anderen.**
August Wilson

Arme Leute machen gern die Regierung für Ihre finanziellen Schwierigkeiten verantwortlich. Beispiele gibt es in der Wirtschaftsgeschichte sicher mehr als genug. Aber es gab zu allen Zeiten auch immer Menschen, die entschieden mehr Geld hatten als andere.

Das Wirtschaftssystem eines Landes ist nicht die Ursache für finanziellen Misserfolg.

Banknoten **wurden erfunden, um uns das Leben leichter zu machen**. Wie würde es wohl aussehen, wenn wir heute noch eine Kuh mit uns herumtragen, um Sie gegen Benzin einzutauschen … Geld ist nur das Mittel zum Zweck, nicht der Wert selbst.

Wenn Sie in der heutigen Zeit aktiv am Geschehen teilhaben, sollten Sie sich ein bisschen für die Wirtschaft interessieren und gelegentlich mal die Nachrichten schauen, damit Sie einigermaßen politisch und wirtschaftlich auf dem Laufenden bleiben.

Sie haben bestimmt auch schon gehört, dass Wirtschaftsfachleute Haushaltspläne für unser Land aufstellen. Meist versuchen die Politiker sich daran zu halten, wenn's auch mit dem Funktionieren so eine Sache ist …

Und was die Großen machen, sollten Sie auch für sich beanspruchen. Sie sollten einen Plan aufstellen – einen persönlichen Haushaltsplan. Ich höre Sie schon murren … Warum? Vielleicht, weil Sie einen Plan mit „entbehren" gleichsetzen?

Das bedeutet, Sie glauben, dass ein **Haushaltsplan** ihnen den Umgang mit ihrem eigenen Geld diktiert.

Womöglich ist der Plan dran schuld, dass Sie dann nicht mehr bekommen was Sie möchten. Aber das stimmt nicht so ganz, denn Sie selbst bestimmen den Etat, und Sie können gestalten wie Sie möchten. Nur den Überblick sollten Sie sich vorher verschaffen, damit Sie weiterhin – langfristig – zufrieden leben können.

Das Budget gibt Ihnen die Gelegenheit, Ihr **Ausgabeverhalten** bewusst zu bestimmen und Ihr Geld bewusst auszugeben. Diesen **Haushaltsplan** zu erarbeiten, wird Ihnen zeigen, wie und wofür Sie Ihr Geld wirklich ausgeben.

Ihr derzeitiges **Guthaben** ist das Ergebnis des früheren Budgetierens. Sind Sie mit dem Resultat Ihrer Planung zufrieden? Oder gibt es etwas zu verbessern?

Ich habe früher auch einmal gesagt: „Ich muss alles ausgeben, um über die Runden zu kommen. Eine Budgetierung macht für mich keinen Sinn." Ich lag falsch damit.

Warten Sie nicht damit den richtigen Umgang mit Geld lernen, bis Sie reich sind. Erstens könnte es sein, dass Sie es ohne Budgetierung nicht werden und zweitens werden Sie sich an einer großen Summe Geldes, sollte diese einmal unverhofft zu Ihnen kommen, nicht lange erfreuen können, denn wahrscheinlich wissen Sie auch dann nicht, wie Sie damit am besten umgehen.

Mit Hilfe Ihres Etatplanes sollten Sie sich ausschließlich darüber klar werden, dass Sie die Verantwortung für ihr Geld und seine Nutzung tragen. Es ist auch kein Muss. Die Zahlen ihres Planes sind auch nicht in Stein gemeißelt und können daher variieren.

Machen Sie sich einen Plan, rechnen Sie zusammen, welche Ausgaben Sie zu tragen haben.

Schaffen Sie nicht mehr benötigtes ab, ob es nur ein Kredit ist, den Sie abzahlen können oder ein Abonnement beenden, wenn Sie die Zeitung sowieso nicht mehr lesen.

Das Budget wird Ihnen zeigen, dass Sie innerhalb Ihrer Mittel im Überfluss leben können.

Das ist sehr, sehr wichtig, denn ohne diese Gewissheit ist Geld immer etwas, das herangeschafft werden muss. So eingeengt kann sich keine Kreativität entfalten.

So könnte Ihre **Ausgabenseite** aussehen:

Sparen	100 €	
Kredit / Tilgung	150 €	Läuft im Juli ab.
Fortbildung	200 €	
Versicherungen	150 €	Ab Okt. 120 €.

Haus- und Wohnungskosten	600 €	
Essen	250 €	
Auto	50 €	
Telefon und Internet	50 €	

Gesamt Ausgaben:	1.550 €	1.370 € ab
	======	Oktober.

Und so könnte Ihre **Einnahmeseite** aussehen:

Lohn / Gehalt	1.800 €
Kindergeld	100 €
Gassi gehen mit Omas Hund	20 €

Gesamt Einnahmen:	1.920 €
	======

Der nächste Schritt, der immer wieder überprüft werden muss, lautet, die Ausgaben möglichst zu reduzieren. Dabei sollte aber keine Reduktion geschehen.

Eine Haftpflichtversicherung bspw. sollte meiner Ansicht nach nicht aufgegeben, denn im Zweifelsfall kann Sie ein Schadensfall (z.B. durch ihre Kinder) ruinieren.

Diese Überlegungen bringen Sie zum Sparen. Machen Sie es sich zur Gewohnheit, mindestens zehn Prozent Ihres Einkommens auf die hohe Kante zu legen. Wenn Sie dies eine Weile gemacht haben, werden Sie niemals wieder ohne Geld sein. Sie dürfen natürlich eine Reserve nicht für Alltagsgegenstände wieder verbrauchen …

Warten Sie nicht, bis Sie der Meinung sind, sich diese zehn

Prozent leisten können. Das Gefühl, einen Überschuss zu haben, wird vielleicht auch Ihre Einnahmen günstig beeinflussen.

Daher: Werden Sie ein erfolgreicher Sparer lange bevor Sie schuldenfrei sind!

**Es gibt tausend Möglichkeiten,
Geld loszuwerden, aber nur zwei,
es zu erwerben:**

**Entweder wir arbeiten für Geld
- oder das Geld arbeitet für uns.**
Bernard Mannes Baruch

Schuld – schuldig – Schulden?

**Das einzige,
was man ohne Geld machen kann,
sind Schulden.**
Heinz Schenk, dt. Schauspieler

Wenn Sie noch Ratenzahlungen leisten müssen oder anderweitige Schulden haben, sollten Sie einen Teil Ihres monatlichen Einkommens für die Abzahlung verwenden. Regelmäßige Zahlungen an den oder die jeweiligen Kreditgeber zu leisten, egal in welcher Höhe, bringt Ruhe in finanzielle Angelegenheiten.

Sollten Sie Ihre finanziellen Verpflichtungen nicht nachkommen können, droht eine komplette Überschuldung. Die Rückzahlungen werden immer höher – und immer schwieriger! Nehmen Sie allen Mut zusammen und handeln Sie kleine Ratenzahlungen aus, die Sie einhalten können. Handeln Sie, wenn möglich, auch die Kosten und die Zinsen runter.

Viele Menschen lassen sich auf zu höhe regelmäßige Schuldenrückzahlungen ein, um ihre Kreditwürdigkeit zu erhalten. Sie übersehen dabei möglicherweise, dass genau das Sie in die Zwangslage bringen kann. Wenn Sie Rückzahlungsprobleme haben, brauchen Sie sich um Ihre **Kreditwürdigkeit** keine Sorgen zu machen. Die hat sie doch genau dahin geführt!

Ehrlichkeit gegenüber Ihren Kreditgebern und regelmäßige Zahlungen sind Zeichen für Ihre Zahlungsfähigkeit und natürlich auch für ihre Zahlungsbereitschaft. Diese beiden Dinge könnten Ihren Kreditrahmen steigen lassen – nichts anderes!

Denken Sie bitte auch daran, dass Sie irgendwann Ihre Steuern zahlen müssen. Als Selbständiger sollten Sie einen Teil Ihres Einkommens für Abgaben an Vater Staat auf die Seite legen. So können Sie ggf. Ihren Verpflichtungen pünktlich und ohne Einbußen nachkommen. Glauben Sie mir – das schont die Nerven!

Ich habe es in einer sehr schwierigen Situation mal schleifen lassen müssen, weil ich das perfekte finanzielle Chaos kreiert hatte. Ich kann Ihnen sagen, das war am Ende weit mehr Arbeit und hat viele, viele Nerven und natürlich Geld gekostet! Und den Steuerprüfer tagelang am Nachbarschreibtisch sitzen zu haben, hat meine Kreativität nahezu lahm gelegt!

Ein erster Schritt zur Schuldensenkung besteht darin, nach Möglichkeit die monatlichen Lebenshaltungskosten zu senken. Es gibt viele Möglichkeiten, Ihre monatlichen Kosten zu reduzieren, passives Einkommen zu schaffen und trotzdem besser zu leben.

Sie könnten zum Beispiel so viele Immobilien erwerben, dass die daraus resultierenden Einnahmen Ihre eigenen Wohnungskosten decken. Oder räumen Sie ein Zimmer leer und suchen Sie sich einen Ihnen angenehmen Mitbewohner, der einen Teil der Miete trägt. Statt eines feudalen Stadtbüros könnten Sie Ihr Büro im eigenen Haus unterbringen. Oder Energiesparmaßnahmen vornehmen, die teilweise subventioniert werden.

Fort- und Weiterbildungskosten sind in der Regel gute Investitionen. Sie bringen Ihnen mehr Lohn ein, als Sie vielleicht im Moment denken. So könnte eine bessere Arbeitsstelle daraus resultieren, ein besseres Selbstwertgefühl oder für Selbständige ein höheres Stundenhonorar, weil der Expertenstatus gestiegen ist. Auch auf Bücher, wenn Sie sie lesen, sollten Sie nicht verzichten.

Aber nebenbei bemerkt: Auch, wenn ich aus der Buchbranche komme … - die meisten Informationen gibt es mittlerweile online oder kostengünstiger als E-Book. Aber gelegentlich muss auch das Schäferstündchen mit Buch im Garten oder auf der Terrasse sein!

Die monatliche Mietzahlung ist dagegen so ziemlich die schlechteste Investition, da Sie regelmäßig alle dreißig Tage wieder kommt und kein bleibender Wert gebildet wird.

Essen ist auch eine gute, da lebensspendende Investition. Aber schauen Sie doch auch hier einmal, was Sie einkaufen. Viele Menschen meinen, Gemüse sei teuer. Aber ich habe recherchiert. Es ist nicht nur gesünder, regelmäßig frisches Gemüse zu kaufen und zu essen, es schont auch den Geldbeutel mehr als es Fertigprodukte je fertig bringen werden. Und wahrscheinlich werden Sie sich mit gesünderer Nahrung auch gesünder fühlen.

Auch beim monatlichen Fahren kann man sparen. So kann man Fahrgemeinschaften bilden, Flugtickets günstiger kaufen und nachts fliegen, Emails schreiben statt teurere

Telefonate führen, lieber gemeinsam kochen als Dutzende SMS zu schreiben etc. etc.

Das alles wird Sie schnell dahin bringen, innerhalb ihrer Verhältnisse zu leben. Ein Budget aufzustellen, zeigt Ihnen genau, wie Sie das verwirklichen können.

Ich möchte Ihnen bei allem Budgetieren noch eines mit auf den Weg geben:

Geld ist prinzipiell unbegrenzt vorhanden. Sie müssen sich „nur" einen Teil dieses Geldkuchens nehmen. Legal, versteht sich.

Andererseits ist es natürlich begrenzt, wenn gerade nichts nachkommt oder bis zum nächsten Ersten noch viel Zeit vergeht. Daher ist es wesentlich, kein Geld auszugeben, das man nicht hat.

Finanzielle Klarheit zu gewinnen, bringt eine Reihe von Vorteilen mit sich: Zum Beispiel Seelenfrieden und einen besseren Schlaf. Wenn Sie sich an das V.I.S.A.-Prinzip halten, können Sie ihre Schulden loswerden und ein vernünftiges Einkommen aufbauen, damit Sie abgesichert sind.

Wenn ihre derzeitigen Kreditrückzahlungen zwanzig Prozent Ihres Einkommens übersteigen, haben Sie ein ernsthaftes Schuldenproblem, das Sie verändern sollten. Einen weiteren Kredit aufzunehmen, verschlimmert das Problem, denn Ihre monatliche Rückzahlungsrate wird (noch) höher. Und das ohne jeglichen Gegenwert. Packen Sie das Tier beim Kragen und versuchen Sie die Rückzahlungsraten zu reduzieren, damit Sie sich Freiräume verschaffen.

Wenn durch diese emotionalen Freiräume freie Ressourcen entstehen und dadurch mehr Geld, können Sie sich immer noch überlegen, die Schulden mit einem Schlag vielleicht abzuzahlen, wenn das möglich ist. Oft sind hier drastische Maßnahmen nötig, aber es ist ein Kampf, der sich lohnt.

Mit der Hoffnung auf bessere Zeiten hat noch nie jemand diesen Kampf gewonnen, glauben Sie mir. Die meisten haben die Ärmel hoch gekrempelt und haben den Stier bei den Hörnern gepackt! Unternehmen Sie was. Je früher, desto besser.

Hier noch einmal die **Schritte aus der Schuldenfalle** im Überblick:

1. Zahlen Sie ab sofort alles nur noch bar.
2. Hören Sie sofort damit auf, sich Geld zu leihen.
3. Ihre Kreditkarte sollten Sie in kleine Stücke zerschneiden.
4. Schauen Sie sich an, welches monatliche Budget sie haben.
5. Ändern Sie Ihr Ausgabeverhalten radikal. (Fragen Sie sich: Brauche ich das?)
6. Schreiben Sie eine Weile ein Haushaltsbuch und kontrollieren Sie Ihre Zahlungen, damit Ihnen bewusst wird, wohin ihr Geld fließt.
7. Kaufen Sie nichts mehr auf Kredit! Wenn kein Geld mehr da ist, wird nichts gekauft.
8. Fangen Sie sofort an zu sparen, auch wenn es viel-

leicht schwer fällt.

9. Reduzieren Sie Ihre Rückzahlungsraten, wenn möglich. Aber zahlen Sie die Raten!
10. Stellen Sie Ihre Kreditwürdigkeit wieder her, ohne Sie für einen Kredit zu nutzen.
11. Es ist besser, die Dinge langfristig abzustellen als kurzfristig in eine Pleite hinein zu schliddern.
12. Gehen Sie zur Schuldnerberatung und lassen Sie sich helfen, wenn Ihnen das Wasser bis zum Halse steht. Menschen, die sich auskennen und nicht emotional an dem Desaster beteiligt sind, haben vielleicht ein paar gute Tipps auf Lager, die Ihnen allein nicht einfallen.
13. Die „anonymen Schuldner" sind sicher auch eine gute und stützende Anlaufstelle.

Ich wünsche Ihnen von Herzen, dass Sie Ihre Angelegenheiten in puncto Geld geregelt bekommen. **Packen Sie es an.** Es gibt wenige Dinge auf der Welt, die mehr zum eigenen Frieden beitragen als geregelte Angelegenheiten.

Und zum anderen wünsche ich Ihnen, dass Sie immer und jederzeit zufrieden in finanziellen Angelegenheiten sind. Mögen Sie immer so viel Geld zu Verfügung haben, wie Sie für sich benötigen!

Reicher Mann und armer Mann
stenden da und sahn sich an.
Und der Arme sagte bleich:
Wär ich nicht arm,
wärst du nicht reich.
Bertholt Brecht

Der monatliche Haushaltsplan

Ich finde es sehr wichtig, sich einen Überblick über die monatlichen Einnahmen und Ausgaben zu machen. Das kann Ihnen sehr helfen, den Überblick zu behalten. Wenn Sie wissen, dass Sie im Monat nur x Euro als „Taschengeld" haben, sind Sie beim vorschnellen ausgeben vielleicht ein wenig vorsichtiger und bewahren sich vor weiteren Schwierigkeiten.

A) Einkommen   **Betrag in Euro**

Lohn / Gehalt (netto)
Lohn / Gehalt Partner (netto)
Nebenverdienst
Krankengeld
Arbeitslosengeld
Hartz IV / Aufstockung
Sozialhilfe / Grundsicherung
Rente / Rente Partner
Kindergeld / Wohngeld
Unterhalt / Erziehungsgeld
Dividenden / Provisionen
sonstige Einnahmen
sonstige Einnahmen Partner

= Summe Einkommen:

============

Bitte rechnen Sie alle Beträge auf den Monat um. Wenn Sie also halbjährlich für etwas 600 € bezahlen, tragen Sie in die Tabelle 100 € ein.

B) Ausgaben	**Betrag in Euro**
Miete und Heizung	
Nebenkosten / Betriebskosten	
Strom	
Telefon und Handy	
GEZ / Kabel / Pay-TV	
Internetgebühren	
Kfz-Versicherung	
Kfz-Steuer	
Benzin	
Kosten für Bus / Bahn	
Versicherungen	
- Hausrat / Privathaftpflicht	
- Rechtschutz	
- Unfall / Krankenzusatzvers.	
- Rentenversicherung	
Unterhaltsverpflichtungen	
Kindergarten / Taschengeld	
Abonnements (Zeitung)	
Kontoführungsgebühren	
Vereinsbeiträge	
Darlehen / Hypothek	

= Summe Ausgaben:	
	============

Und jetzt finden Sie ihr monatliches Budget heraus:

Summe Einkommen:
- Summe Ausgaben:

= monatliches Budget

============

Sind Sie erstaunt? Oder geschockt?

Fakt bleibt: Das ist das monatliche Budget, dass Ihnen zur Verfügung steht. Damit müssen Sie auskommen. Tun Sie das nicht, gehen Sie in die Schuldenfalle hinein oder bezahlen zu viel für Kredite und Überziehungszinsen.

Der ist reich, durch den die Menschen reich sind, und der ist ein armer Mann, durch den die Menschen arm sind.
Ralph Waldo Emerson

Das Problem ist,
dass uns unser Geist bei der Geburt
gratis mitgeliefert wird.

Und was nichts kostet,
wird meist auch nicht geschätzt.
Wenn wir für etwas Geld ausgegeben haben,
gehen wir damit meist pfleglicher um.

Das Paradoxe daran ist,
dass genau das Gegenteil stimmt:
Alles, was das Leben wirklich lohnenswert
macht, erhalten wir gratis:

Unseren Geist, unsere Seele,
unseren Körper,
unsere Hoffnungen, unsere Träume,
unseren Ehrgeiz, unseren Verstand,
unsere Liebe ...

All das ist mit Geld nicht aufzuwiegen.
Earl Nightingale

Warum ich Cashflow® spiele

Vor einigen Jahren ging es mir finanziell nicht gut, da mein Verlag nicht mehr so gut lief wie zu Anfang. Die Konkurrenz hatte nicht geschlafen und ich hatte einige Nachahmer bekommen, zudem war die Technik stark voran geschritten.

Immer mehr Menschen wurden zu Selfpublishern (Selbstverlegern) und brachten ihre Bücher in Eigenregie heraus. E-Books wurden immer mehr heraus gebracht – und so stagnierten die Umsätze bei gleichzeitiger Erhöhung der Kosten.

Wie Sie inzwischen vielleicht gelernt haben, ist das nicht der Weg in die finanzielle Unabhängigkeit. ...

Zu dieser Zeit habe ich mich um zwei Dinge bemüht: Network-Marketing und Cashflow.

Damals schloss ich mich einem Network-Marketing-Unternehmen, das Nahrungsergänzungsmittel vertrieb. Ich war ein Fan von Nahrungsergänzung, denn schon damals war ich der Überzeugung, dass man für seine Gesundheit mehr tun müsse als nur einigermaßen gesund zu essen.

Das Konzept von Network-Marketing traf zunächst bei mir auf ganz erheblichen Widerstand, denn die „Tschakka-Tschakka-Trainer" mit denen ich in diesem Unternehmen konfrontiert wurde, versprachen damals das Blaue vom

Himmel. Dem konnte ich zunächst nicht so ganz folgen. So las ich damals mehrere Bücher zum Thema und hatte anfangs wirklich Mühe, dieses Konzept in seiner ganzen Tiefe zu begreifen.

Ich hatte 20 Jahre zuvor bereits einmal als Außendienst-Mitarbeiterin im Versicherungswesen gearbeitet, so war mir das Konzept also nicht gänzlich unbekannt, denn ein Versicherungsvertreter bekommt auch dann seine „Bestandspflegeprovision", wenn er gerade keinen Neuabschluss tätigt. Diese Provisionszahlungen gewährleisten ein passives Einkommen und verhelfen damit dem Versicherungsvertreter oder der Agentur auch dann den eigenen Zahlungsverpflichtungen nachzukommen, wenn gerade keine Abschlussprovision für Neuverträge erzielt wurde.

So kann sich natürlich im Laufe der Jahre ein erhebliches monatliches „Betreuungsgeld" ergeben, was wiederum dem Vertreter zugutekommt: er kann investieren, sparen oder sich ein wenig mehr Freizeit oder Zeit mit der Familie gönnen. Auch ein Versicherungsvertreter ist daher ein Unternehmer.

Im Network-Marketing ist es relativ einfach, sich Geld nebenbei zu verdienen und sich mit einem guten Produkt und aktiver Betreuung der Kunden und „Mitarbeiter" einen guten Kunden- und Vertriebspartner-Stamm aufzubauen, der ein so genanntes „passives Einkommen" ermöglicht. Passives Einkommen entsteht wie beim Versicherungsvertreter dadurch, dass Kunden erneut Produkte bei der Firma einkaufen und Sie dafür wieder verprovisioniert werden.

Ich war damals allerdings mit der von mir gewählten Firma nicht so ganz glücklich und ging zu einer anderen. Die stellte dann nach einigen Monaten leider den Vertrieb der Produkte in Deutschland ein, da unsere Gesetze zu viele Fallstricke für dieses Produkt boten.

Ich verlor Network-Marketing ein bisschen aus den Augen, da ich mich mit dem Verlag umorientierte. Nachdem ich meinen Verlag abgegeben und ich freie Ressourcen hatte, kümmerte ich mich wieder um eine Firma, die Produkte anbot, die mir gefielen.

Ich bin keine klassische Networkerin, die gern Teams aufbaut, durch die Lande reise und Menschen schult. Ich bin eher eine Beraterin, die sich die Probleme der Menschen anhört und Lösungsvorschläge unterbreiten kann. Ich werde daher möglicherweise keine sechsstelligen Beträge im Network-Marketing verdienen, habe mir aber bereits jetzt mit wunderbaren Produkten, die ich selbst gern nutze, einen passiven Nebenverdienst erarbeitet.[2]

Das Spiel Cashflow® kam ebenfalls zu dieser Zeit zu mir. Ich mag Gesellschaftsspiele und war als Kind und Jugendliche begeisterte Monopoly-Spielerin gewesen. Cashflow® ist jedoch weitaus anspruchsvoller und verlangt den Spielern etwas mehr ab.

Ich gebe Ihnen hier einmal meinen Einladungstext an interessierte weiter, der schön aussagt, warum ich Cashflow®

---

[2] Wer mehr darüber wissen möchte, für welches Unternehmen und mit welchen Produkten ich hervorragende Erfahrungen gemacht habe, der schaut bitte auf **www.gesundheitsparty.de** nach und findet dort alle erforderlichen Informationen.

spiele.

Einladung zum CashFlow®- Spieleabend

CASHFLOW® ist ein Brettspiel, das weltweit sehr beliebt ist und inzwischen von vielen hunderttausend Menschen gespielt wird.

Der Autor des Spiels ist Robert Kiyosaki, ein amerikanischer Multi-Millionär.

Vor vielen Jahren hat Robert T. Kiyosaki überlegt, wie er anderen Menschen sein Wissen darüber finanziellen Wohlstand zu erlangen, am besten vermitteln kann. Er kam zu dem Ergebnis, dass ein Spiel die beste Art ist, dies zu lernen. Spielerisch und mit viel Spaß lernt der Mensch am besten.

Die meisten Spieler erkennen schon beim ersten Mal den Wert dieses Spiels. Man erkennt schnell, wie man selbst über Geld denkt. Man lernt, Gelegenheiten zu erkennen, gute von schlechten Geschäften zu unterscheiden und den Geldfluss zu begreifen.

CASHFLOW® ist ein Gesellschaftsspiel, das von 2-6 Personen gespielt wird. Das Ziel des Spiels ist es, sich aus der Tretmühle heraus auf den „Fasttrack" zu bewegen. Dies ist dann erreicht, wenn der Spieler ein höheres passives Einkommen erzielt, als er an Ausgaben hat.

Hat ein Spieler den „Fasttrack" erreicht, darf er in das „Big Business" einsteigen. Das Spiel endet, wenn der erste

Spieler seinen am Anfang gewählten Lebenstraum erreicht.

Das Spiel soll Spaß bringen, Kontakte und Erfahrungsaustausch fördern und als zentralen Effekt helfen, das finanzielle Geschick und die finanzielle Intelligenz von Erwachsenen und Jugendlichen zu entwickeln.

In Aachen leite ich den „CashFlow®-Club[3]"

Hatten Sie einen reichen Vater? Ich auch nicht. Und deshalb habe ich in den letzten 30 Jahren viele sehr schwerwiegende Fehler im Umgang mit Geld gemacht. Als Unternehmerin musste ich den Umgang mit Geld – teils extrem mühsam – lernen. Das Gesellschaftsspiel „Cashflow" hat mir dabei regelrecht zu Sieben-Meilen-Stiefeln verholfen. Als Clubleiterin von Aachen würde ich mich freuen, bald einmal mit Ihnen zu spielen.

Der CASHFLOW Club ist für Menschen gedacht, die ihr Wissen über Finanzen erweitern, ihre finanzielle Kompetenz steigern und die Basis für ihren persönlichen Wohlstand verbessern wollen.

Dabei geht es um Themen wie...

... Cashflow (Geldfluss)
... Schutz von Investitionen
... das Managen von Geld

---

[3] Weitere Infos über den Cashflow-Club Aachen finden Sie unter: **www.cashflow-aachen.de**

... finanzielle Bildung etc.

Mit dem Austausch von positiven wie auch negativen Erfahrungen können ALLE profitieren. Wir glauben, dass Menschen, die Ihre finanzielle Bildung steigern wollen, dies leichter, schneller und besser in einem fördernden Umfeld tun können.

Der CASHFLOW-Club bietet die Gelegenheit, den Umgang mit und das Investieren von Geld zu simulieren. Sie sind herzlich eingeladen, sich mit anderen auszutauschen, Gelegenheiten wahrzunehmen, den „Entscheidungsmuskel" zu trainieren und gemeinsam zu lernen. In diesen Clubs kann jeder mitspielen.

Wenn es Sie interessiert, schauen Sie ins Internet. In vielen größeren Städten wird gemeinsam Cashflow® gespielt!

Hier finden Sie noch ein paar Statements, die von Teilnehmern an Cashflow®-Abenden abgegeben wurden.

Bin von Cashflow begeistert!

Das Spiel hat sehr viel Spaß gemacht und ich konnte wichtige Erkenntnisse gewinnen über meinen Umgang mit Geld und wo ich im richtigen Leben Fehler mache.

Ich habe an diesem Abend sehr viel über das Investieren aber auch über mich selbst gelernt.

Es ist viel mehr als ein Spiel, nämlich ein sehr wichtiges Lernwerkzeug, ich kann es jedem nur empfehlen! Bin von dem Cashflow Spiel absolut begeistert!

Liebe Grüße
Ronald

Anwälte haben es nicht leicht ...

Ab sofort kann ich das Elend der Anwälte verstehen und nachvollziehen. Nie im Leben hätte ich vermutet, dass es für diesen Berufszweig so außerordentlich schwierig ist, aus der Tretmühle rauszukommen.

Man schaut beim Cashflow spielen hinter die Kulissen, das hätte ich nie vermutet. Es war so, als hätte mir ein Anwalt einmal seine Karten auf den Tisch gelegt. Ich war sehr überrascht. Ich hab es mir viel leichter vorgestellt, für die Besserverdienenden aus der Tretmühle herauszukommen. Dem war nicht so!

Am Anfang war der Cashflow im Vergleich zu den Mitspielern schon recht hoch. Das war ein gutes Einkommen, aber die Schuldenlast – das BaföG - war immens hoch. Es dauerte extrem lange, und erforderte viele verschiedene Transaktionen, um ein passives Einkommen zu erwirtschaften. Das hätte ich nie für möglich gehalten.

Ich bin sehr überrascht und habe sehr dazu gelernt. Auf den nächsten Cashflow-Abend freue ich mich!! Hoffentlich mit einem anderen Beruf als Anwalt ...

Karola L.

Ich würde heute anders handeln ...

Also ich bin total begeistert von dem Cashflow-Spiel. Es

hat mich schon an diesem Abend begeistert und auch noch die nächsten Tage. Ich werde auf jeden Fall weiterhin dabei bleiben und auch die nächsten Spiele-Abende besuchen.

Im Nachhinein habe ich schon überlegt, dass wenn ich heute noch mal 20´ wäre, ich mit meinen jetzigen Finanzerfahrungen ganz anders handeln würde, als wie ich es gemacht habe.

Aber auch jetzt werde ich noch das versuchen umzusetzen, was in meiner Macht steht, denn eins weiß ich jetzt: Cash-Flow ist ein neuer wichtiger Puzzlestein in meinem Leben!

Ich freue mich auf die weiteren Spiele-Abende und wünsche dir noch einen schönen sonnenreichen Tag.

Bis bald,
Harald V.

Der Fluss des Geldes

Der Cashflow-Abend am 07.10.2014 war wirklich wieder sehr lustig. Neue Teilnehmer, sowie geübte "Geldsäcke", versuchten, aus dem Hamsterrad herauszukommen, um die richtig große Kohle zu machen.

Mir gelang es diesmal leider nicht, habe aber wieder nette Menschen kennenlernen dürfen. Ich danke euch allen für den schönen Abend, der wie immer zu kurz war. Aber es wird ein nächstes Mal geben. Das steht fest.

Und wie es Menschen geht, die sich stundenlang mit dem

Fluss des Geldes beschäftigen und konzentriert die Millionen zählen, seht ihr an diesem Wortwechsel:

Sie: "Wie spät ist es?"
Er: "Preiswert!"

Vera K.

Die Wichtigkeit von Geld

Eines schönen Abends fragte der kleine Junge seinen Vater: „Papa, darf ich dich was fragen?"

„Klar, mein Junge", sagte der Vater. „Was ist denn los?"

Der Junge schwieg für einen kurzen Moment und sah den Vater still an. Dann meinte er: „Papa, wie hoch ist dein Stundenlohn?"

Der Vater war etwas irritiert über diese Frage und wollte wissen, warum der Junge das wissen wollte und dieser antworte wahrheitsgetreu, dass es ihn einfach interessiert.

Da sagte der Vater zum Sohn: „Na gut: Mein Stundenlohn ist 50 Euro."

Der Sohn war sehr erstaunt. Offenbar hatte er nicht mit so viel gerechnet. Stumm senkte er den Kopf und verzog die schmalen Lippen. Er schien zu überlegen. Dann fragte er: „Papa, kannst du mir bitte 25 Euro leihen?"

Das ärgerte den Vater sehr. „Du willst dir Geld von mir leihen, um dir irgendeinen Blödsinn zu kaufen? Ich dachte, wir hätten dich besser erzogen! Du bekommst doch alles von uns, was du brauchst. Und zum Geburtstag und zu Weihnachten noch jede Menge extra. Ostern nicht zu vergessen. Nein – mit geliehenem Geld kauft man kein Spielzeug! Erst musst du dafür sparen! Und jetzt ab in dein Zimmer!"

Der kleine Junge ging weinend in sein Zimmer und warf sich auf sein Bett. Der Vater atmete tief durch und überlegte. Aber er wurde nur noch wütender. Er hielt seinen Sohn für egoistisch und durchtrieben und in Gedanken ließ er kein gutes Haar mehr an ihm.

Irgendwann aber fragte er sich, ob sein Sohn nicht vielleicht doch etwas sehr wichtiges braucht. Vielleicht etwas für die Schule oder vielleicht wollte die Lehrerin eine Klassenfahrt machen.

„Vielleicht braucht er die 25 Euro ja wirklich für etwas Wichtiges." Mit dem Gedanken ging der Vater ins Zimmer des Jungen. Vorsichtig erkundigte er sich, ob der Sohn schon schläft. Der aber lag noch immer mit halboffenen Augen auf dem Bett und starrte zur Zimmerdecke.

Da meinte der Vater: „Vielleicht war ich gerade ein wenig streng mit dir. Es war ein harter Tag. Hier sind die 25 Euro. Sagst du mir bitte, was du damit vorhast?"

Und der kleine Junge lächelt, umarmte seinen Vater und bedankte sich bei ihm. Dann griff er unter sein Kopfkissen und holte ein paar Geldscheine hervor.

Das machte den Vater wiederum sehr wütend. Er schüttelte verständnislos den Kopf während der Junge langsam das Geld zählt.

„Wieso soll ich dir Geld geben, wenn du doch schon welches hast?" brummte der Vater.

„Ich hatte noch nicht genug, aber jetzt aber reicht es!", rief der Junge fröhlich. Er streckte dem Vater das Geld entgegen. „Papa, jetzt kaufe ich mir eine Stunde Zeit mit dir! Ich würde gern morgen, wenn du von der Arbeit kommst, mit dir schwimmen gehen."

Damit hatte der Vater nicht gerechnet. Er war erschüttert und von Tränen überwältigt.

Er schloss seinen Sohn in die Arme: „Entschuldige, mein Sohn. Jetzt verstehe ich."

Einkommen und Vermögen sind keine Schande, höchstens die Art, wie sie zu Stande kommen.
Bruno Kreisky, österreichischer Kanzler

Schlussbemerkung

Damit sind wir am Ende dieses Buches, lieber Leser. Ich hoffe, Sie konnten ein paar Impulse und Ideen für sich mitnehmen.

Wenn es um das Thema Geld geht, dann denken Sie bitte an das **V.I.S.A.-Prinzip**, denn **Verdienen, Investieren, Sparen** und **Anlegen** sollten immer Gleichgewicht sein, damit sie auf ein finanziell erfolgreiches Leben zurückblicken können.

Kümmern Sie sich um ihre Belange und lassen Sie sich nicht von anderen herein reden. Nehmen Sie Ihre Geldangelegenheiten – egal ob positiv oder negativ – mutig in die Hände und werden Sie vor allem eines: glücklich und zufrieden! Das wünsche ich Ihnen sehr.

> **Ich war über 1 Mio. $ wert als ich 23 war, über 10 Mio. $ als ich 24 war, und über 100 Mio. $, als ich 25 war. Und es war nicht bedeutsam, weil ich es nie für das Geld getan habe.**
>
> Steve Jobs, Begründer von Apple

Was ist Reichtum?

**Für jemanden ist ein altes Hemd schon ein Reichtum.
Ein anderer ist mit zehn Millionen arm.**

Reichtum ist etwas ganz Relatives und Unbefriedigendes. Im Grunde ist es nur eine besondere Situation.

Reichtum bedeutet eine Abhängigkeit von Dingen, die man besitzt und die man durch neuen Besitz, durch neue Abhängigkeiten vor dem Dahinschwinden schützen muss.

Es ist nur eine materialistische Unsicherheit.
Franz Kafka (1883–1924)

Vita der Autorin

Jahrgang 1961, Hunde- und Katzenliebhaberin.

Gelernte Kauffrau, fortgebildet zur Fachwirtin der Grundstücks- und Wohnungswirtschaft und Versicherungsfachkraft.

Heilpraktikerin für Psychotherapie, verschiedene Fortbildungen in alternativen Therapieverfahren, z.B. Entspannungsmethoden, Kinesiologie, Rebirthing, Tarot und Aura Soma.

Autorin von mehreren (Fach-) Büchern, 6 Jahre in eigener Buchhandlung und 12 Jahre als selbständige Verlegerin tätig gewesen. Seminarleiterin seit 1990. Sie gibt Workshops zu Kreativem Schreiben, Autoren-Training, Coaching und Tarot sowie zu Social-Media-Marketing.

Sie liebt bloggen und Kommunikation über Soziale Netzwerke.

Heute hauptberuflich als Coach für ganzheitlich orientierte Menschen und Marketing- sowie Existenzgründungsberaterin tätig, weshalb ihre Firma "**Spirit & Marketing**" heißt.

Weitere Informationen und viele Artikel finden Sie auf ihrer Webseite: ★ gudrun-anders.de

Weitere Bücher der Autorin

Aus dem Leid ins Licht

Die Suche nach dem Sinn des Lebens damit befassen sich heute sehr viele Menschen.

Das Geheimnis der Hohepriesterin

Jeder kann das Tarot zur Lösung von momentanen Fragen oder Problemen heranziehen.

Die mit dem Delphin schwimmt

Erlebnissen und Erfahrungen mit Delphin-schwimmen in Sinai.

Es war einmal ein Narr ...

Märchen und Geschichten zu den 78 Karten aus dem Rider-Waite-Tarot.

Kleine Perlen der Advaita

Dieses kleine Büchlein gibt Ihnen aus gewählte Texte und Zitate aus der Lehre der Advaita

Spirit Stories

Diese Kurztexte wollen ein bisschen wachrütteln und zum Nachdenken ur -spüren anregen.

Märchen helfen heilen

Lassen Sie durch das Schreiben eines Märchens Ihr inneres Kind zum Vorschein kommen!

Herzkreis - Die Energie der Schenkkreise

Immer noch kursieren Schenkkreise. diesem Buch erfahren Sie, was es damit auf sich hat.

Alle Bücher als PDF zum günstigen Download oder als Printversion. Erhältlich über den Verlag oder folgende Shops:

Buch-Shop: **www.jedentaganders.de**
E-Books: http://www.neobooks.com/user/gudrun-anders

Notizen

www.ingramcontent.com/pod-product-compliance
Lightning Source LLC
Chambersburg PA
CBHW051906170526
45168CB00001B/271